Gertraud Mayrhofer

Kinder tanzen aus der Reihe

Von Herbstdüften, Frühlingsklängen und Sommerträumen – ein Jahr voller Begegnungen, Berührungen, Bewegung und Tanz

Illustration: Kasia Sander

Ökotopia Verlag, Münster

Impressum

Autorin: Gertraud Mayrhofer

Illustratorin: Kasia Sander

Lektorin: Barbro Garenfeld

Satz: Studio Bandur, Idstein-Wörsdorf

ISBN: 3-936286-45-0

Inhaltsverzeichnis

Vorwort

von Dr. Bernhard Weiser

Dieses wunderschöne Tanz-Buch lebt vom reichen Praxis- und Erfahrungshintergrund der Autorin. Ihr gelingt es, kompetente und vielfältige tanzpädagogische Arbeit mit Kindern exakt und detailliert, gleichzeitig aber auch persönlich und berührend darzustellen.

Wenn nun die wesentliche Stärke dieses Buches im unmittelbaren Praxisbezug besteht, dann wird es meine Aufgabe in diesem Vorwort sein, die hier gezeigten tanzpädagogischen Praxisbeispiele in einen größeren Zusammenhang zu stellen. Die Arbeit der Autorin folgt dem Ansatz der „Integrativen Tanzpädagogik (AGB)" und spiegelt wichtige Anliegen und Prinzipien dieses Verfahrens beeindruckend wider. Bereits vor 1990 im österreichischen „Ausbildungsinstitut für Gruppe und Bildung – AGB" entstanden, hat sich die „Integrative Tanzpädagogik" in Österreich und im benachbarten Ausland bereits in vielen pädagogischen und sozialen Institutionen etabliert. Sie erreicht Menschen aller Altersstufen, vom Neugeborenen (Mutter-Kind-Tanzen nach der Geburt) bis zum Greisenalter, und auch sehr unterschiedliche Zielgruppen, vom Manager bis zum Vorschulkind, sie wird auch therapeutisch in Kliniken angewandt. Um Verwechslungen zu vermeiden sei hier vermerkt, dass in Deutschland ein gleichnamiger Ansatz existiert, der aber z. T. anderen Prinzipien folgt. Das Wort „integrativ" wird heute in sehr unterschiedlichen Bedeutungen verwendet und soll nun spezifisch im Hinblick auf die tanzpädagogische Arbeit dieses Buches hin gedeutet werden.

Integrativ im Sinne sozialer Integration

Die pädagogische Arbeit mit körperlich oder geistig benachteiligten Menschen wird zumeist als „integrative Pädagogik" bezeichnet. Auch wenn diese Bedeutung des Wortes „Integration" bei der Namensgebung der Integrativen Tanzpädagogik nur eine untergeordnete Rolle gespielt hat, so wird in diesem Buch deutlich, wie hilfreich der Tanz bei der Begegnung von behinderten und nicht behinderten Menschen sein kann. Gerade weil der Tanz von der Einzigartigkeit des individuellen Ausdruckes bestimmt ist, so gibt er jedem Kind und auch Erwachsenen den Raum und die Möglichkeit, sich mit seinen ganz eigenen, persönlichen Möglichkeiten zu bewegen, auszudrücken und zu kommunizieren. Während nicht Behinderte in der Bewegungskontrolle Menschen mit Handicaps zumeist überlegen sind, erleben wir bei behinderten Menschen oft eine enorme Kreativität und Spontaneität im Tanz. So findet die Integrative Tanzpädagogik in der Behindertenarbeit vielfältige Anwendungen.

Aber auch andere soziale Grenzen hilft der Tanz zu überschreiten: Die Autorin beschreibt wie sehr durch die tänzerische Arbeit die gewohnten Untergruppen und die Abgrenzungen zwischen den Kindern aufgehoben wurden. Buben und Mädchen nahmen mehr als üblich Kontakte zueinander auf, die Begrenzung der Kooperation auf die gewohnten Freunde wurde erweitert. Und auch die klassischen Rollenmuster wurden aufgeweicht: Buben durften auch sanft und empfindsam und Mädchen auch wild und kraftvoll sein.

Die soziale Wirksamkeit ist nicht verwunderlich, war es doch über Jahrtausende eine wichtige Rolle des Tanzes, die Gemeinschaft zu stärken und Gegensätze zu überbrücken. Wenn früher in den Dörfern die Menschen bei Festen und Feiern sich in großen Kreisen oder Reihen zusammenfanden und trotz aller sozialen und persönlichen Gegensätze gemeinsam im Rhythmus der Musik schwangen und tanzten, wurden damit die sozialen Bande über die Familien- und

Generationsgrenzen hinaus gestärkt und der immer wieder gefährdete Zusammenhalt neu gestiftet. Meeresbiologen haben herausgefunden, dass Delfine beim gemeinsamen Schwimmen immer wieder Berührungen zu ihren Artgenossen herstellen, um jenen Zusammenhalt zu gewährleisten und zu ermöglichen, der für so komplexe soziale Anforderungen wie der gemeinsamen Jagd mit verteilten Rollen erforderlich ist.

In einer Gesellschaft wie der unseren, die einem stetigen Entsolidarisierungs- und Individualisierungsprozess unterworfen ist, wächst wieder die Sehnsucht der Menschen nach Ritualen des Zusammenhalts und der Solidarität. Tanz ist vom Kindes- bis zum Greisenalter eine hervorragende Möglichkeit, Gemeinsamkeit in der Verschiedenheit und Differenzierung zu erleben und zuzulassen. Er fördert sowohl die Individualität im Erleben und im Ausdruck als auch die Festigung sozialer Netze in seinen gemeinschaftlichen Formen.

Integrativ im Sinne psychischer und physischer Integration

Wenn heute die Kosten für Medikamente explodieren und sogar an immer mehr Kinder Psychopharmaka verabreicht werden, müssen wir uns die Frage nach Alternativen für die Verarbeitung von Druck, Stress und anderen psychischen Belastungen stellen.

Kinder verarbeiten im Spiel belastende und manchmal auch traumatisierende Erlebnisse auf ganz natürliche Weise. Die erste vom Doktor erhaltene Spritze wird im Rollenspiel mit der Puppe oder anderen Spielpartnern wiederholt, bis das Schmerzerlebnis „abgearbeitet" und integriert werden konnte. Der Tanz erweitert die Möglichkeiten des Spiels zur psychischen Verarbeitung um vielfältige Weise. In diesem Buch finden die Leser eine Fülle von Anregungen, wie im aktiven Mitspielen und Mittanzen von Geschichten und Phantasien, im Imaginieren von Bildern und im Übernehmen und Tanzen von Rollen die kindlichen Fähigkeiten zur psychischen Verarbeitung und zur Selbstaktualisierung unterstützt und erweitert werden. Die Autorin schildert detailliert und mit hohem Praxistransferwert ein breites Spektrum von heilsamen und integrationsfördernden methodischen Zugängen.

Aber auch Training und Verbesserung von Wahrnehmung und Sensibilität, Übung und Differenzierung des emotionalen Ausdrucks, Stärkung und Belebung von Kreativität und Phantasie, all das wird in vielfältiger und ganzheitlicher Weise durch die Übungen und unterschiedlichen Tanzangebote der Integrativen Tanzpädagogik ermöglicht und damit der Selbstwert der Kinder nachhaltig gestärkt und gefestigt.

Während sich dieses Buch der Zielgruppe Kinder widmet, stellt die Integrative Tanzpädagogik auch „erwachsenengerechte" Zugänge zur psychischen Integration über Bewegung und Tanz zur Verfügung. Das Spektrum reicht von erlebnisaktivierenden und belebenden Angeboten bis zur tanz- und bewegungstherapeutischen Arbeit. Ein Aspekt der tanzpädagogischen Arbeit mit Erwachsenen ist es, die in den vielen animierenden Illustrationen dieses Buches so oft erkennbare Unmittelbarkeit und Spontaneität des kindlichen Erlebens auch als Erwachsener ein Stück wieder zu entdecken.

Integrativ im Sinne der Integration von Tanz als Lebenselement im Alltag

Wie auch andere Kunstformen wurde der Tanz mit der zunehmenden Perfektionierung als Ausdrucksform den „Normalsterblichen" quasi „enteignet" und an die Profis auf der Bühne delegiert. Gesang, Musik, Dichtung, Malerei und Tanz dienen nicht mehr primär dem persönlichen Ausdruck, sondern sind hoch perfektionierte käufliche Produkte, die vor allem passiv von uns konsumiert werden. In Anbetracht von allgegenwärtiger künstlerischer Perfektion (CDs, Videos, Fernsehen) wirken die eigenen künstlerischen Möglichkeiten bescheiden oder stümperhaft. Dort, wo Tanz nun auch für Nicht-Profis unterrichtet wird, gelten aber zumeist die gleichen Leistungs- und Perfektionsansprüche, wenn auch mit niedrigeren Standards. Normfigur, cooles Outfit und perfekte Bewegungen sind die Zielvorstellungen, die wir in vielen Tanzschulen und -studios erleben.

Ganz im Gegensatz dazu steht innerhalb der Integrativen Tanzpädagogik nicht das „Richtig-Machen" und die äußere Form, sondern das innere Erleben und der persönliche Zugang im Zentrum des Tanzens und Bewegens. Dabei helfen gerade am Anfang spielerisch-leichte und erlebnisaktivierende Wege, Lust auf den Weg nach Innen und zum persönlichen Kontakt mit anderen zu entwickeln. Gerade im frühen Kindesalter können gute Grundlagen für künstlerischen Ausdruck und gestalterische Kreativität gelegt werden. Dieses Buch bietet berührende Beispiele, wie Kinder ganzheitlich-künstlerisch tätig werden können.

So wünsche ich Ihnen, liebe Leserin und lieber Leser, dass Sie viele der Anregungen dieses Buches in Ihre pädagogische Arbeit integrieren können und Ihnen privat und beruflich der Tanz ein lebendiger und belebender Begleiter sein möge.

Dr. Bernhard Weiser

Begründer des österreichischen Ansatzes der Integrativen Tanzpädagogik (AGB-Ausbildungsinstitut für Gruppe und Bildung), Klinischer Psychologe, Psychotherapeut und Universitätslehrer

Informationen zur Integrativen Tanzpädagogik und Kindertanzpädagogik erhalten Sie unter:
AGB, Dr. Bernhard Weiser,
Husslstr. 56, A-6130 Schwaz, Österreich,
Tel: +43-5242-66 73 82, Fax: +43-5242-66 73 84,
e-Mail: Bernhard.Weiser@uibk.ac.at
Internet: www.AGB-seminare.at

Mit Musik und Tanz entstand die Welt ...

... so erzählen es Geschichten von früher. Tatsächlich ist die Fähigkeit zu tanzen so alt wie wir Menschen es sind. Tanz ist eine Form von Körpersprache und Ausdruck unserer Persönlichkeit.

Besonders Kinder lieben es, sich zur Musik zu bewegen, zu hüpfen, zu springen und sich im Kreis zu drehen. Tanzend drücken sie ihre Freude aus, genießen das Schwindelgefühl und den Stolz beim Vorzeigen einer Idee. Ihr Spaß und ihre Ausgelassenheit, ihre Hingabe und Selbstvergessenheit machen das Tanzen zu einer ganzheitlichen Erfahrung.

Das spielerische Element, die Fantasie und die Begeisterungsfähigkeit stehen beim Tanzen mit Kindern für mich im Mittelpunkt. Dabei ist es mir aber auch wichtig, dass die gemeinsamen Tanzerlebnisse einen Bezug zum Leben der Kinder, zum Jahresrhythmus und zum Alltagsgeschehen haben. Nicht die Perfektion oder das Ergebnis sind von Bedeutung, sondern das Erlebnis und der gemeinsame Prozess. Jedes Kind soll die Möglichkeit haben, sich in seiner individuellen Art, nach eigenen Wünschen und Vorstellungen und im Rahmen seiner Fähigkeiten einzubringen. Es soll spüren, dass seine Ideen wertvoll sind und seine Ausdrucksformen respektiert werden.

Bei meinen Spiel- und Tanzvorschlägen gehe ich von einer altersgemischten Kindergartengruppe aus, damit meine ich Kinder von 3 bis 6 Jahren. Zu meiner eigenen Kindergruppe, in der ich arbeite, gehören auch behinderte Kinder, und ich mache immer wieder die Erfahrung, dass auch sie ohne Schwierigkeiten an den Tanzaktionen teilhaben und mitmachen können. Ebenso eignen sich die Spielideen aber auch für den Vorschulbereich und für Kinder der ersten beiden Grundschulklassen. Die Gruppeneinheiten in diesem Buch sind so geplant, dass jede davon ein geschlossenes Ganzes bildet und das Tanzgeschehen immer unter einem thematischen Schwerpunkt steht. Ich gehe dabei von der Dauer einer Stunde und einer Gruppengröße von etwa 15 bis 20 Kindern aus. Viele der angeführten Spiele und Übungen können genauso gut einzeln, als Einstieg in den Morgenkreis, zur Auflockerung nach einer intensiven Konzentrationsphase oder einfach so, zwischendurch, eingesetzt werden.

Ich verstehe meine Spiel- und Tanzvorschläge als Anregungen, die jederzeit erweitert, variiert und an die Bedürfnisse der eigenen Kindergruppe angepasst werden können. Dazu möchte ich alle, die mit diesem Buch und der Musik arbeiten, ermutigen und einladen.

Sich zur Musik bewegen heißt für Kinder lustvolle Körpererfahrungen machen, Lebendigkeit spüren, das eigene Lebensgefühl ausdrücken und mit den Möglichkeiten und Fähigkeiten des Körpers experimentieren. Sie üben dabei einen liebevollen Umgang mit sich und werden vertrauter mit ihrem Körper.

Darüber hinaus bietet Tanzen den Kindern Raum, um individuelle Stimmungen oder Gefühle wahrzunehmen, vielleicht sogar loszulassen! Tanzen kann den Kindern Ventil sein und gleichzeitig Halt geben, denn es vermittelt Sicherheit und Geborgenheit, gemeinsam im Kreis zu schwingen. Und jeder hat seinen Platz.

Zu tanzen bedeutet, sich behutsam einander annähern und in der Bewegung und Begegnung miteinander wohl fühlen. Die Kinder entwickeln dabei ein Selbstwertgefühl und erweitern vielleicht ihre Lebensgestaltungskompetenz.

Um mit Kindern zu tanzen und sich zur Musik zu bewegen, ist keine tänzerische Ausbildung nötig. Der Impuls für das lustvolle Erleben der Kinder und für ihr Eintauchen in die Welt des Tanzes ergibt sich vielmehr aus der Persönlichkeit der SpielleiterInnen und aus ihrer Begeisterungsfähigkeit und Freude.

In diesem Sinn wünsche ich Ihnen und Ihrer Kindergruppe eine bewegte Tanzreise durch das Jahr und hoffe, dass Ihnen mein Buch dabei ein brauchbarer und kreativer Reisebegleiter sein wird.

Gertraud Mayrhofer

MITEINANDER
vertraut werden   bewegt sein

Vorbereitende Aktivität

Sonnenspiegel basteln

Material: Papier, Stift, Kopiergerät, fester Karton, Schere oder Cutter, Tapetenkleister, Wasser, Schüssel, Seidenpapier in verschiedenen Gelbtönen, Pinsel, goldener Glitterstaub, farbloser Sprühlack, selbst klebende Spiegeleffektfolie (aus dem Bastelfachmarkt), Klebstoff

Vorbereitung: Die Sonnenform (s. Abb.) mit dem Kopiergerät auf das gewünschte Format vergrößern und ausschneiden.

Etwas Tapetenkleister gemäß der Packungsanleitung mit Wasser anrühren.

Die Sonnenform in Originalgröße auf festen Karton legen, nachzeichnen und ausschneiden. Den Innenkreis (= Öffnung für den Spiegel) ebenfalls ausschneiden (bei jüngeren Kindern übernimmt die Spielleitung diese Arbeitsschritte).

Nun das Seidenpapier in kleine Schnipsel reißen und die Kartonsonne dick mit Kleister bepinseln.

Die Seidenpapierschnipsel aufkleben, so dass vom Karton nichts mehr zu sehen ist. Je mehr Schichten Seidenpapier die Kinder auftragen, desto stabiler und plastischer wird die Sonne. Zuletzt eine Schicht Kleister aufpinseln und goldenen Glitterstaub darüber streuen.

Die Sonne vollständig trocknen lassen (mindestens einen Tag).

Damit sie entsprechenden Glanz erhält und der Goldstaub gut haftet, die trockene Sonne am nächsten Tag mit farblosem Sprühlack fixieren (mit dem Lack nur im Freien arbeiten).

Während der Lack trocknet, fertigen die Kinder den Sonnenspiegel an.

Dazu einen Kartonkreis ausschneiden, der etwas größer ist als die Kreisöffnung in der Mitte der Sonne.

Den Kartonkreis mit der selbst klebenden Spiegeleffektfolie bekleben.

Das Schutzpapier der Spiegelfolie entfernen und den Rand der Folie dünn mit Klebstoff bestreichen.

Den fertigen Spiegel hinter die Kreisöffnung der Sonne kleben.

Tanzeinheit

Mich berühren und spüren, meinen Körper aufwecken

Material: evtl. 1 Tonpapierkärtchen (ca. 10 x 10 cm) pro Kind, gold- und silberfarbene Lackstifte

Vorbereitung: Die Kinder malen kleine, lachende Glitzersonnen auf die Tonpapierkärtchen. Die Spielleitung verteilt die Sonnenkärtchen in gleichmäßigen Abständen auf dem Turnsaalboden.

Die Kinder stellen sich neben ein Sonnenkärtchen und achten darauf, dass sie die Spielleitung gut sehen können.

„Heute Morgen hat uns die Sonne aufgeweckt. Darum habe ich für jeden von euch ein Sonnenkärtchen mitgebracht. Aber vielleicht gibt es bei manchen noch ein paar Körperteile, die müde sind. Vielleicht sind es die Beine oder der Rücken oder auch eure Arme, die noch schwer und schläfrig sind. Wir wollen unseren Körper jetzt gemeinsam aufwecken.

- *Zuerst stellen wir uns bequem hin: die Beine sind leicht gegrätscht, unsere Knie etwas gebeugt, mit den Füßen spüren wir den Boden unter uns.*
- *Nun klopfen wir mit der linken Faust unseren rechten Arm sanft ab. Dann wechseln wir zum linken Arm und beklopfen ihn mit unserer rechten Faust.*
- *Nacken und Schulterpartie mit den Fäusten leicht abklopfen.*
- *Wir waschen uns pantomimisch das Gesicht: Zuerst drehen wir den Wasserhahn auf, halten die Hände wie eine Schale unter das fließende Wasser und verteilen es dann vorsichtig im ganzen Gesicht, auf der Stirn, auf den Wangen, auf unserem Mund und dem*

Kinn – wir reiben die Nasenflügel mit Wasser ein und waschen uns sanft die letzte Müdigkeit aus den Augen.
- *Auch die Ohren werden gewaschen, wir reiben sie zwischen den Fingern, streichen die Ohrläppchen aus und waschen mit den Zeigefingern den Schmutz hinter den Ohren weg.*
- *Zum Schluss tupfen wir das Gesicht mit den Fingerspitzen trocken.*
- *Jetzt wecken wir unsere Brust auf, indem wir sie mit beiden Fäusten leicht abklopfen,*
- *als nächstes den Bauch und so gut es geht den Rücken und den Po und auch die Beine, bis zu den Zehen.*
- *Zum Schluss streifen wir unseren Körper gut aus, recken uns, strecken uns, schütteln uns und sind nun hellwach.“*

Tipp

Die Sonnkärtchen helfen jüngeren Kindern bei der Verteilung im Raum. Bei Kindergruppen mit etwas Übung und Erfahrung bzw. bei älteren Kindern sind sie nicht nötig.

Begrüßung der Sonne

Material: 1 gelbes Seidentuch, 1 Sonnenspiegel (s. S. 10)

Die Spielleitung legt das gelbe Seidentuch und den Sonnenspiegel in die Mitte des Turnsaals. Die Kinder stellen sich in einen Kreis um die gestaltete Mitte.
Alle TeilnehmerInnen wünschen sich „Guten Morgen" und schütteln die Hände im Kreis. Anschließend setzen sie sich auf den Boden.

„Heute scheint die Sonne nicht nur draußen am Himmel. Sie scheint auch in unserem Kreis. Wir wollen uns jetzt mit der goldenen Spiegelsonne gegenseitig begrüßen. Sie soll uns Freude und Wärme schenken. Vielleicht strahlt euer Gesicht im Sonnenspiegel so hell wie die Sonne am Himmel!"

Die Spielleitung nimmt den Sonnenspiegel aus der Mitte und reicht ihn einem Kind.
Das Kind hält ihn vor sein Gesicht und betrachtet sich im Sonnenspiegel.
Bevor es die Sonne dem nächsten Kind weitergibt, nennt es seinen Namen.
So wandert die Sonne ganz langsam im Kreis herum.

Tipp
Jüngere und schüchterne Kinder beim Nennen ihres Namens unterstützen.

Begegnung ohne Worte

Die Spielleitung bittet die Kinder kreuz und quer durch den Raum zu gehen und sich dabei den Turnsaal genauer anzuschauen. Manche Kinder sind vielleicht das erste Mal hier.
Nach einer Weile fordert sie die Kinder auf, ihre Aufmerksamkeit vom Raum auf die anderen Kinder zu lenken und sich selbst zu fragen:

- *Kenne ich schon alle?*
- *Welche Kinder sind neu in unsere Gruppe gekommen?*
- *Wer ist mir vom Vorjahr vertraut?*
- *Wer fehlt heute?*
- *Mit wem habe ich schon einmal gespielt?*

Die Kinder gehen weiter durch den Raum.
Die Spielleitung erweitert die Aufgabenstellung und gibt einen neuen Impuls:
„Geht bitte weiter durch den Turnsaal. Immer, wenn ihr ein Kind trefft, begrüßt es – aber bitte ohne Worte."

Gemeinsam überlegen die Kinder verschiedene Begrüßungsmöglichkeiten:
- Hände schütteln
- winken
- mit dem Kopf nicken
- verbeugen
- einander umarmen
- einander auf die Schulter klopfen
- einen Knicks machen
- sich zulächeln

„Denkt euch selbst aus, wie ihr die Kinder, die ihr trefft, gerne begrüßen möchtet."

Magische Anziehungskraft

MUSIK ⦿ Nr. 1

Material: rotes Tonpapier, Klebestreifen, Schere, Zirkel, CD-Spieler, CD

Vorbereitung: Aus rotem Tonpapier einen Kreis (= Markierungspunkt) von etwa 20 cm Durchmesser ausschneiden.

Die Spielleitung schaltet die Musik ein und fordert die Kinder auf, dazu zu laufen, hüpfen, springen oder tanzen, wie sie gerne möchten.

Schritt 1

Immer wenn die Musik stoppt, zieht es jedes Kind wie ein starker Magnet zu einem Partner oder einer Partnerin hin, so dass immer zwei und zwei nebeneinander stehen.

Nun betrachtet jeder seinen Partner bzw. die Partnerin, die Pärchen hängen sich ein, gehen ein paar Schritte miteinander und tauschen noch einmal die Namen aus.

Wenn die Musik wieder einsetzt, tanzt jedes Kind alleine weiter, bis zum neuen Stopp.

Schritt 2

Die Spielleitung befestigt den roten Markierungspunkt mit dem Klebestreifen auf dem Turnsaalboden (etwa in der Mitte des Raumes). Immer wenn die Musik stoppt, entfaltet er die Wirkung eines Magneten und zieht alle Kinder zu einem dichten Knäuel in die Mitte.

Schritt 3

Nach ein paar Durchgängen nennt die Spielleitung den Körperteil, von dem die Kinder zur Mitte hingezogen werden (Bauch, Po, Hände, Ellenbogen, Rücken, Kopf, usw.)

Ein Zauberkoffer voll Tanz

MUSIK ⊙ Nr. 2

Material: 1 großer alter Koffer, mehrere Kartonkärtchen (DIN A5), alte Zeitschriften oder Fotokalender mit Tierbildern, Schere, Klebstoff, CD-Spieler, Musik-CD; evtl. Plüschtiere

Vorbereitung: Verschiedene Tierbilder aus Zeitschriften oder alten Fotokalendern ausschneiden und auf die Kartonkärtchen kleben. Bei der Auswahl der Tiere darauf achten, dass sie für die Kinder in ihrer typischen Bewegungsart gut darzustellen sind.
Die Bildkärtchen in den Koffer legen.

Die Kinder setzen sich in der Turnsaalmitte auf den Boden.
Die Spielleitung schleppt den Koffer vom Nebenraum herein.

„Nachdem wir uns jetzt schon ein bisschen kennen gelernt haben, möchte ich euch gerne meinen Zauberkoffer zeigen. Stellt euch vor, in meinem Koffer sind lauter Tiere, die gerne heraus möchten, die gerne tanzen und sich bewegen. Ein richtiger Tiergarten ist darin versteckt. Wir wollen die Tiere jetzt miteinander auspacken.“

Geheimnisvoll holt die Spielleitung das erste Tierkärtchen aus dem Koffer (z.B. Elefant).
Die Kinder beratschlagen, wie sich Elefanten bewegen, wie sie wohl tanzen.
Dann wird die Musik eingeschaltet und alle spielen eine riesige Elefantenherde, die durch den Turnsaal stampft und tanzt. Nach etwa 1 1/2 Minuten wird die Musik ausgeblendet, alle versammeln sich wieder um den Zauberkoffer und ein Kind holt das nächste Tierkärtchen heraus.
Die Kinder überlegen gemeinsam weitere typische Bewegungen und stellen zur Musik die Tiere dar.
So kommt eine Karte nach der anderen zum Einsatz.

Mögliche Reihenfolge

1. Karte: Elefantentanz
2. Karte: ein großer Vogelschwarm, der durch den Turnsaal fliegt
3. Karte: eine watschelnde Pinguinfamilie
4. Karte: ein Käfig voller Affen
5. Karte: ein Löwenrudel

Variante

Anstelle der Kärtchen können auch entsprechende Plüschtiere im Koffer versteckt werden, was das Auspacken des Zauberkoffers für die Kinder noch lustvoller macht.

Ausflug in den Zoo

MUSIK ⊙ Nr. 2

Material: 1 kleines Kuvert pro Kind, alte Eintritts- oder Zugfahrkarten, Tierkärtchen (z.B. von Memory- oder Lottospiel), eine Langbank oder Stühle für die Zuschauer, CD-Spieler, CD, evtl. 1 kleiner Stempel

Vorbereitung: Für die Hälfte der Kinder Kuverts mit Eintrittskarten bestücken, für die andere Hälfte welche mit Tierbildern. Langbank oder Stuhlreihe am Turnsaalrand aufstellen.

„Wir wollen jetzt gemeinsam einen Ausflug in den Tiergarten machen. Dazu brauchen wir einige Zootiere und ein paar Besucher, die sich die Tiere anschauen."

Die Spielleitung verteilt die kleinen Kuverts an die Kinder, so dass die Hälfte der Kinder Kuverts mit Eintrittskarten, die andere Kuverts mit Tierbildern erhält.

Auf „LOS" öffnen alle Kinder ihre Briefchen und finden sich zu zwei Gruppen zusammen.

Die Kinder mit den Eintrittskarten sind nun die ersten Zoobesucher. Sie setzen sich auf die Zoobank am Turnsaalrand.

Alle anderen Kinder stellen für die Besucher die Tiere dar.

Während die Spielleitung die Eintrittskarten kontrolliert und den ZoobesucherInnen, die gerne möchten, einen kleinen Stempel auf das Handgelenk verpasst, haben die „Tiere" Zeit, sich zu beraten und Bewegungsideen zu sammeln.

Jedes Tierkind kann das Tier spielen, das es gerne möchte.

Die darstellenden Kinder überlegen sich folgende Fragen:

- Welches Tier möchte ich gerne sein?
- Wie bewegt es sich, wie kann ich seine typischen Bewegungen darstellen?
- Welche Begrüßungsgeste macht mein Tier? (z.B. könnte der Pinguin mit dem Po wackeln, der Löwe reibt vielleicht liebevoll seinen Kopf an der Schulter der anderen, der Affe krault seinen Freunden zur Begrüßung das Nackenhaar, usw.)
- Welche Drohgebärde zeigt mein Tier, wenn es wütend ist? (der Pinguin könnte mit dem Schnabel schnappen, der Löwe fletscht vielleicht seine Zähne und zeigt die Krallen, der Affe schlägt wild mit den Armen um sich, usw.)

Zur Musik beginnt die Vorführung.

Die „Tierkinder" stellen die Tiere, die sie ausgewählt haben, tänzerisch dar. Die Spielleitung ruft ihnen während der Bewegungsgestaltung im entsprechenden Moment die nächste Aufgabenstellung zu, z.B.:

- *„Jetzt treffen sich die Tiere bei ihrem Morgenspaziergang und begrüßen einander freundlich!"*
- *„Nach einem Streit haben die Tiere schlechte Laune. Sie sind wütend aufeinander und machen Drohgebärden!"*
- *„Jetzt bewegen sich wieder alle Tiere so, wie sie gerne möchten, jedes in seiner Art und Weise."*

Nach der Darstellung bekommen die „Tiere" einen kräftigen Applaus und jeder Zoobesucher tauscht sein Briefchen mit einem Tierkind aus. So wechseln die Rollen.

Tipp

Darauf achten, dass die beiden entstehenden Kindergruppen altersmäßig gut durchmischt sind. Bei sehr jungen Kindern die Bewegungsaufgaben vereinfachen. Hier kann es schon genügen, dass die Kinder einfach verschiedene Tiere in ihren Bewegungen darstellen, so wie beim Auspacken des Zauberkoffers (ohne Begrüßungsgeste und Drohgebärde).

Zärtliche Spielzeugautoreise

MUSIK ⊙ Nr. 17

Material: Matten oder Decken, 1 Spielzeugauto pro Kinderpaar, CD-Spieler, CD

Die Kinder finden sich paarweise zusammen. Jedes Kinderpaar bekommt eine Matte (Decke) und ein kleines Spielzeugauto. Damit suchen sich die Kinder einen Platz im Turnsaal.

„Es ist schon spät geworden. Es wird Zeit zum Heimfahren. Macht bitte aus, wer der erste Autofahrer ist. Wir tauschen nachher die Rollen."

Der „Autofahrer" bekommt das Spielzeugauto. Sein „Beifahrer" legt sich bäuchlings auf die Matte (Decke) und macht es sich gemütlich.

Die Musik wird angestellt und die Autos fahren los.

Arme, Rücken, Po und Beine des liegenden Kindes sind die Straße.

Nach der Hälfte des Musikstückes wechseln die Kinder die Rollen!

Ein kurzer Spaziergang in den Herbst

Vorbereitende Aktivitäten

Den Herbst einsammeln

Ort: draußen
Material: mehrere Körbe zum Einsammeln der Materialien, runde Tabletts oder Holzreifen aus dem Turnsaal, Laminiergerät (falls vorhanden)

Bei einem gemeinsamen Spaziergang durch den nahe gelegenen Garten, Park oder Wald sammelt die Spielleitung mit den Kindern unterschiedliche Naturmaterialien.

Als Sammelmaterialien eignen sich: Kastanien, Blätter, Moos, Steine. Mit viel Glück finden sich auch ein paar Eicheln, Zapfen oder Nüsse am Wegrand.

Die Naturmaterialien in den nächsten Tagen gut trocknen lassen, damit sie nicht schimmeln.

Besonders schöne, bunte Herbstblätter werden gemeinsam aussortiert und zwischen den Seiten eines alten Buches gepresst.

Ist ein Laminiergerät vorhanden, kann die Spielleitung die gepressten Blätter anschließend laminieren. Damit werden sie spieltauglich.

Die Kinder können aus den Blättern und Naturmaterialien Mandalas gestalten. Runde Tabletts oder Holzreifen aus dem Turnsaal dienen als Unterlage bzw. Begrenzung.

Marienkäfer aus Nüssen

Material: Papier, Bleistift, halbe Walnussschalen, rote und schwarze Fingerfarbe, Pinsel, schwarzes Tonpapier, weißer Farbstift, Schere, Klebstoff

Die abgebildete Vorlage für die Käferfüße auf Papier übertragen und ausschneiden.
Eine halbe Walnussschale mit roter Fingerfarbe bemalen.
Mit einem dünnen Pinsel eine schwarze Mittellinie und ein paar Marienkäferpunkte aufmalen. Während die Farbe trocknet, fertigen die Kinder die Käferfüße an.
Diese werden entsprechend der vorbereiteten Papierschablone mit einem weißen Farbstift auf das schwarze Tonpapier übertragen und ausgeschnitten.
Den Rand der bemalten Nussschale mit Klebstoff bestreichen und als Körper auf die Käferfüße aufkleben.
Zum Abschluss zwei weiße Marienkäferaugen einzeichnen.

KÄFERFÜSSE

WALNUSSSCHALE

Tanzeinheit

Erzähle mir,
wie geht es dir?

Material: Sonnenspiegel (s. S. 10),
Seidentücher

Die Spielleitung legt die goldene Sonne auf Seidentüchern in die Turnsaalmitte.
Die Kinder setzen sich in einen Kreis um die gestaltete Mitte.
Die Spielleitung reicht die goldene Sonne einem Kind. Sie ermuntert es, sich im Sonnenspiegel zu betrachten und kurz zu erzählen, wie es ihm geht (z. B. „Ich bin noch müde." „Ich bin gut gelaunt." „Ich bin grantig." „Ich bin fröhlich." „Ich hab schon Hunger.").
Anschließend gibt das Kind den Sonnenspiegel an das nächste Kind weiter. So wandert die goldene Sonne im Kreis herum.

Streicheleinheit
für die Füße

„Bevor wir heute miteinander hüpfen, springen und tanzen, wollen wir unseren Füßen Gutes tun. Sie tragen uns überall hin, tagaus, tagein. Wir gehen und laufen mit ihnen, und darum wollen wir sie jetzt ein wenig verwöhnen.

- *Wir setzen uns aufrecht und entspannt und reiben uns zuerst die Hände warm.*
- *Wir legen die Hände wie eine Decke um unseren rechten Fuß, dann drücken wir ihn sanft und beginnen ihn zu kneten.*
- *Mit den Knöcheln unserer Faust massieren wir die Fußsohle so leicht oder fest, wie es uns angenehm ist.*
- *Nun erkunden wir mit den Fingern der Reihe nach unsere Zehen und begrüßen sie.*
- *Vorsichtig ziehen wir ein bisschen an den Gelenken und massieren die Zwischenräume zwischen den Zehen.*
- *Den letzten Rest von Müdigkeit streichen wir in Richtung der Zehen aus.*
- *Dann schütteln wir unseren Fuß und winken einander im Kreis mit den Zehen zu.*
- *Jetzt kommt der zweite Fuß an die Reihe."*

Nach der Fußmassage: *„Nun stehen wir auf und spüren, wie sich unsere Füße jetzt anfühlen."*

Schlangenschütteltanz

MUSIK: ⊙ Nr. 3

Material: CD-Spieler, CD

*„Unsere Füße sind nun wach. Mit einem ge-
meinsamen Tanz wollen wir auch die anderen
Körperteile aufwecken."*

Die Kinder reichen sich die Hände und bilden
eine lange Schlange.

Die Spielleitung steht am Beginn der Schlange.
Sie spielt den Kopf und bestimmt ein älteres
Kind zum Schlangenschwanz, damit der Wech-
sel der Laufrichtung bei der Wiederholung von
Teil A gut klappt.

Der Tanz ist sehr einfach. Die Kinder lernen ihn
im Tun.

Die Tanzschritte beginnen nach 5 Takten Vorspiel (= 1 x das Grundmotiv), die Kinder halten
sich dabei an den Händen.

Teil A

Die Schlange läuft durch den Turnsaal.
Die Spielleitung führt die Kindergruppe in ver-
schiedenen Wegen durch den Raum.
Nach 19 Laufschritten (am Ende von Teil A) folgt
ein Sprung auf beide Beine und ein lauter „Ho"-
Ruf.

Teil A (in Gegenrichtung)

Alle drehen sich in die Gegenrichtung, die
Schlange wechselt ihre Laufrichtung. Das Kind
am Schlangenschwanz führt nun die Gruppe mit
19 Laufschritten durch den Raum.
Anschließend bleibt die Kinderschlange stehen.

Teil B

Alle schütteln am Platz ihren Körper aus. Dabei
abwechselnd vom rechten auf den linken Fuß
hüpfen und das freie Bein locker nach vor
schwingen lassen. Die Handfassung beibehal-
ten.

(Teil B besteht aus einem kurzen musikalischen
Grundmotiv, das 3 x hintereinander wiederholt
wird.)

Es folgt wieder Teil A mit dem Schlangenlauf.
Der Tanz hat insgesamt fünf Durchgänge.

Variante

Wenn der Tanz den Kindern bereits gut vertraut
ist, können mehrere kurze Schlangen, mit je 4 –
6 Kindern gebildet werden. Zum A-Teil der Musik sind dann einfach mehrere Laufgruppen im
Turnsaal unterwegs, was für die Kinder sehr
lustvoll ist.

Mit meinen Fußsohlen sehen, barfuß gehen

MUSIK: ⊙ Nr. 17

Material: mehrere große flache Kartons, verschiedene Naturmaterialien (Moos, Steine, Herbstblätter, Kastanien), Blumen- oder Gartenerde, Sand, Plastikwanne mit lauwarmem Wasser, Handtuch, Sitzpolster oder Matten, CD-Spieler und CD

Vorbereitung: Die Kartons mit verschiedenen Naturmaterialien bestücken. Zusätzlich je einen Karton bodenbedeckt mit Blumen- bzw. Gartenerde, einen anderen mit Sand füllen. Die Materialkisten sowie eine Plastikwanne mit lauwarmen Wasser im Turnsaal bereitstellen. Sitzpolster oder Matten am Turnsaalrand auflegen.

Die Kinder nehmen auf den Sitzpolstern (Matten) am Turnsaalrand Platz.
Die Spielleitung baut die Taststraße im Turnsaal auf und erzählt dazu den Kindern eine kurze Geschichte:
„Gestern Nachmittag habe ich im Garten gearbeitet. Dabei konnte ich der kleinen Amelie aus dem Nachbarhaus beim Spielen zuschauen. Stellt euch vor, sie hatte ihre Schuhe und auch die Stümpfe ausgezogen. Barfuß ging sie über die weiche moosige Wiese.“
Die Spielleitung stellt die Kiste mit Moos vor die Kinder.
„Doch das war noch nicht alles. Amelie hatte solche Freude an dem Spiel, dass sie barfuß in die Sandkiste stieg, um den weichen Sand unter den Füßen zu spüren.“
Die Spielleitung stellt die Materialkiste mit Sand auf.
„Als nächstes stapfte Amelie durch das Herbstlaub, das unter den Bäumen lag und durch die feuchte Erde im Gartenbeet.“
Die Spielleitung stellt die entsprechenden Materialkisten auf.

„Sie balancierte vorsichtig über die Steine hinterm Haus und über die Kastanien, die zum Trocknen in der Sonne lagen!“
Die Spielleitung stellt die entsprechenden Materialkisten auf.
„Ganz zuletzt stieg Amelie noch in die Wasserpfütze und badete die Füße drin. War das ein Vergnügen und ein Genuss.
Und das dürft ihr alle jetzt selber ausprobieren!“
Die Spielleitung stellt die Wasserwanne ans Ende des Tastweges und breitet das Handtuch aus.

Einzeln gehen die Kinder der Reihe nach den Tastweg entlang. Dabei erzählen ihnen die Fußsohlen Schritt für Schritt, was sie spüren und „sehen“.

Tipp
Ruhige Entspannungsmusik im Hintergrund unterstützt das Spiel.

Variante
Ein Kind führt ein anderes, das seine Augen schließt, über die Taststraße.

Blinde Raupenwanderung

Ort: draußen

Die Spielleitung führt die Raupenwanderung an: *„Jetzt wollen wir wirklich mit unseren Füßen den Garten erforschen! Dazu stellen wir uns alle dicht hintereinander in einer Reihe auf und fassen uns an den Schultern. Wir bilden eine Raupe. Ich spiele der Kopf der Raupe und hab als einzige die Augen offen. Ihr schließt bitte eure Augen jetzt. So gehen wir gemeinsam eine Runde durch den Garten hinterm Haus (über die Wiese, durch die Sandkiste, über die Steine und den Schotterweg)."*

Wieder im Turnsaal angekommen setzen sich alle im Kreis zusammen.

Die Spielleitung ermuntert die Kinder, ihre Eindrücke und Gefühle mitzuteilen, indem sie Fragen stellt, z.B.:

- *War das Tasten mit den Füßen angenehm?*
- *Ist es dir leicht gefallen?*
- *War es schwierig?*
- *Wie war es mit geschlossenen Augen?*
- *Ist es dir gelungen die Augen zu schließen?*
- *Welche Materialien haben sich gut angefühlt?*
  usw.

Herbstarbeit im Garten

MUSIK: ⊙ Nr. 4

Material: CD-Spieler, CD, große Schale, Kastanien, Eicheln, bunte Blätter, Zapfen, 1 Marienkäfer aus Nüssen (s. S. 17) pro Kind

Vorbereitung: Verschiedene Naturmaterialien in einer großen Schale dekorativ anordnen. Jedes Kind versteckt einen Nussschalen-Marienkäfer ganz unten zwischen den Naturmaterialien.

Die Spielleitung stellt die Herbstschale mit Kastanien, Eicheln, bunten Blättern und Zapfen in die Mitte des Turnsaals.

„Nun wird es Zeit für die Gartenarbeit. Wir haben nämlich noch eine ganze Menge zu tun. Der Herbst bringt uns nicht nur Früchte, sondern auch viel Arbeit."

Die Kinder bilden einen großen Kreis um die gestaltete Mitte.

Zur Musik beginnt die Gartenarbeit!

Dabei ruft die Spielleitung immer eine bestimmte Tätigkeit aus:

- *„Äpfel pflücken!"*
- *„Blätter rechen!"*
- *„Nüsse einsammeln!"*
- *„Rasen mähen!"*
- *„Birnen essen!"*
- *„Gartenbeet umstechen!"*
- *„Die lästigen Stechmücken vertreiben!"*
- *„Holz hacken!"*

Gemeinsam machen alle im Rhythmus der Musik die entsprechende Arbeitsbewegung und zwar so lange, bis die Spielleitung eine neue Tätigkeit ausruft.

Variante

Die Spielleitung ruft den Namen eines Kindes aus. Dieses bestimmt für die Gruppe die folgende Tätigkeit bzw. Tanzbewegung.

Stille Übung

Material: Herbstschale mit Naturmaterialien und kleinen versteckten Marienkäfern aus Nüssen (s. S. 17)

Alle Kinder setzen sich im Kreis auf den Boden und rücken etwas dichter zusammen. Gemeinsam betrachten sie die herbstliche Schale mit den verschiedenen Naturmaterialien.

Zum Abschluss wird die Schale ganz langsam im Kreis herumgereicht. Dabei sind alle still. Jedes Kind sucht sich einen versteckten „Glückskäfer" heraus, bevor es die Schale weiterreicht.

Eine Ernte-Dank-Geschichte

Vorbereitende Aktivität

Obstfrühstück zubereiten

Material: Obstteller, verschiedene Herbstfrüchte (z.B. Äpfel, Birnen, Weintrauben, Zwetschgen, Nüsse), Nussknacker, Messer, Schneidebrett, evtl. Zahnstocher
Vorbereitung: Das Obst gründlich waschen.

Die Kinder schneiden mit Hilfe der Spielleitung Äpfel, Birnen und Zwetschgen in kleine Spalten, knacken die Nüsse auf und lesen die Weintrauben ab.
Dann werden jeweils 2 – 3 verschiedene Obststückchen auf Zahnstocher aufgespießt und die fertigen Obstspieße gemeinsam mit den anderen Früchten und Nüssen auf einem großen Teller appetitlich angerichtet.

Tanzeinheit

Kosten, schmecken und genießen

Material: Obstteller mit Herbstfrüchten (s. linke Spalte), 1 Serviette pro Kind und Spielleitung, Matten oder Sitzpolster
Vorbereitung: Einen Matten- bzw. Polsterkreis im Turnsaal herrichten, vor jeden Sitzplatz eine Serviette legen und den Obstteller in die Mitte stellen.

Spielleitung und Kinder nehmen im Sitzkreis Platz.
„Heute lassen wir es uns richtig gut gehen. Wir beginnen mit einem gemeinsamen Obstfrühstück. Zuvor betrachten wir aber noch einmal gemeinsam die verschiedenen Früchte. Welche sind es?"
Die Kinder benennen die Obstsorten.
Dann wandert die Schale still im Kreis herum und jedes Kind nimmt sich ein paar Obststücke oder Spießchen auf seine Serviette.
Sobald sich alle genommen haben, beginnt das gemeinsame Frühstück.
Kinder und Spielleitung essen miteinander, ohne dabei ein Wort zu sprechen.

Ich schick dir einen Händegruß

Alle reichen sich die Hände im Kreis. Die Spielleitung gibt einen sanften Händedruck an das Kind neben sich weiter. Dieser Händedruck wandert nun von einem Kind zum anderen, bis er wieder bei der Spielleitung ankommt.
So wünschen sich alle einen „Guten Morgen".

Tipp
Die Spielleitung nickt den Kindern, die an der Reihe sind zu, wenn sie merkt, dass es Unsicherheiten gibt.

Varianten
Anstatt des Händedrucks werden verschiedene andere Begrüßungen im Kreis weitergegeben:
- ein kräftiges „Händeschütteln"
- ein freundliches „Schulterklopfen"
- ein sanftes „Wangenstreicheln"

Kleiner Baum im Jahreslauf
(getanzte Meditation)

MUSIK: ⊙ Nr. 17

Material: CD-Spieler und CD

Die Spielleitung bittet die Kinder kreuz und quer durch den Turnsaal zu gehen. Sie sollen sich dabei nach Belieben räkeln und strecken, den Körper ausschütteln, gähnen und sich dann einen guten Platz suchen und stehen bleiben.
Jedes Kind achtet bei seiner Platzsuche darauf, dass es genügend Raum zur Verfügung hat und die Spielleitung gut sehen kann.
„Ich werde euch jetzt eine Geschichte erzählen und ihr macht dazu einfach die Bewegungen, die euch einfallen; jeder für sich und jeder so, wie er gerne möchte."
Die Spielleitung stellt die Musik an und beginnt zu erzählen:

„Stell dir einmal vor, du spielst einen Baum. Deine Beine und dein Körper sind der feste dicke Baumstamm. Und obwohl du noch ein kleiner Baum bist, kann der Wind dir nichts anhaben. Deine Wurzeln halten dich fest. Spürst du sie? Es ist, als würden deine Wurzeln von den Fußsohlen in den Boden hineinwachsen. Du verwurzelst dich fest und sicher. Wenn du deine Beine leicht grätschst und dabei deine Knie locker lässt, hast du einen guten Halt. So stehst du ruhig und entspannt! Nichts kann dir geschehen! Schließe nun ruhig deine Augen und breite langsam die Arme aus. Stell dir vor, sie sind Äste und Zweige. Lass sie wachsen – in alle Richtungen – und zum Himmel empor."
Die Spielleitung gibt den Kindern etwas Zeit zum Erleben und Darstellen!

„Stell dir vor, es ist Frühling. Der Wind schaukelt dich sanft hin und her. Du bist voller Blumen und Blüten. Vielleicht bist du ein blühender Apfelbaum oder ein blühender Zwetschgenbaum, ein Nussbaum oder ein Birnbaum. Spüre den sanften Frühlingswind und lass dich von ihm hin- und herwiegen und vor- und zurückschaukeln."
Den Kindern Zeit zum Darstellen geben.

„Nun ist es Sommer geworden. Strecke deine Äste der Sonne entgegen und wachse hoch hinauf. Mache dich ganz groß und wachse in den Himmel hinein. Auf deinen Zweigen reifen schon kleine Äpfel, oder Birnen, kleine Zwetschgen oder Nüsse. Fühlst du den warmen Sommerregen auf deinen Blätterhänden? Dann bewege sie und lass deine Arme im Regen tanzen."
Den Kindern Zeit zum Darstellen geben.

„Langsam zieht der Herbst ins Land. Deine Äste sind schwer geworden, lass sie nach unten hängen und baumeln. Jetzt sind deine Früchte reif. Plumps – da fällt schon der erste Apfel in die Wiese. Und dort eine Birne. Und da eine Zwetschge! Wirf deine Früchte einfach ab. Schüttle

deine Arme und Schultern aus und erleichtere dich von der schweren Last!
Auch deine Blätter lass zu Boden fallen. Und atme dabei alles aus, was dich bedrückt!"
Den Kindern Zeit zum Darstellen geben.

„Nun hast du all deine Arbeit getan und du hast sie gut getan! Kuschle dich in deine Arme ein, denn jetzt wird es kalt. Die ersten Schneeflocken fallen vom Himmel. Der Winter zieht ins Land. Und du darfst dich ausruhen, liebes Bäumchen, und etwas schlafen und rasten."
Den Kindern etwas Zeit zum Nachspüren geben.

Nun blendet die Spielleitung die ruhige Entspannungsmusik langsam aus und führt die Kinder in den Alltag zurück (Augen öffnen, Schultern lockern, Arme und Beine ausschütteln, Körper abstreifen).

Tipp

Bei jüngeren Kindern oder ungeübten Gruppen ist es hilfreich, wenn die Spielleitung nicht nur erzählt, sondern auch die Bewegungen mit den Kindern mitmacht.
Entspannungsmusik im Hintergrund unterstützt die Bewegungsmeditation und erleichtert es den Kindern, sich auf die Ruhe einzulassen.

Der Gärtner tut dem Bäumchen Gutes

Jedes Kind sucht sich einen Freund oder eine Freundin.

Die Kinderpaare machen untereinander aus, wer den ersten Gärtner spielt. Dieser stellt sich hinter seinen Baum und tut ihm Gutes:

„Der Gärtner streift die Baumrinde ab,
(den Körper des Partners von oben nach unten ausstreifen).

er lockert die Erde rund um die Baumwurzeln,
(die Füße des Partners sanft massieren)

er beklopft die Rinde,
(die Körperrückseite des Partners kräftig abklopfen)

er drückt seinen Baum liebevoll und umarmt ihn.“
(den Partner sanft an sich drücken bzw. umarmen)

Nun wechseln die Rollen!

Ernte einbringen

MUSIK: ⊙ Nr. 1

Material: 1 Stuhl pro Kind, CD-Spieler, CD
Vorbereitung: Eine doppelte Stuhlreihe in der Mitte des Turnsaals aufstellen.

Die Kinder verteilen sich im Raum.
„Im Herbst ist es Zeit, die Früchte, die die Bäume abgeworfen haben, einzusammeln und in die Vorratskammer zu bringen. Genau das wollen wir jetzt gemeinsam tun!“

Die Spielleitung lädt die Kinder ein, sich zur Musik durch den Turnsaal zu bewegen.
Dabei sollen sie pantomimisch Früchte einsammeln.

Stoppt die Musik, sollen die Kinder, so rasch als möglich in der Vorratskammer (auf den Stühlen) Platz nehmen.

Dies wird jedoch mit jeder Spielrunde immer schwieriger, denn nach jedem Musikstopp kommt ein Stuhl weg. Trotzdem sollen die Kinder versuchen, gemeinsam Platz auf den Stühlen zu finden, z.B. indem ein Kind ein anderes auf den Schoß nimmt oder indem es sich hinter einem sitzenden Kind auf den Stuhlrand stellt usw.

Das Spiel ist beendet, wenn die Vorratskammer platzt!

Variante

Wer von den Kindern bei Musikstopp keinen Stuhl mehr erwischt, scheidet aus.

Ein Mandala aus Früchten

Material: verschiedenfarbige Seidentücher, mehrere Herbstfrüchte (z.B. Äpfel, Kürbisse, Birnen, Weintrauben, Pflaumen, Nüsse, Getreideähren, usw.), 1 Tisch. Für jedes Kind sollte eine Herbstfrucht vorhanden sein.

Vorbereitung: Die Herbstfrüchte auf einem Tisch am Turnsaalrand bereitlegen und die Seidentücher in der Raummitte dekorieren.

Die Kinder setzen sich in einen Kreis um die gestaltete Mitte.

Die Spielleitung bittet die Kinder, einzeln zum Tisch zu gehen, eine Herbstfrucht zu holen und

sie auf die ausgebreiteten Seidentücher in die Kreismitte zu legen.

Erst wenn ein Kind seine Frucht abgelegt hat und wieder auf seinem Platz sitzt, kommt das nächste an die Reihe.

Jedes Kind bestimmt selber, wann es drankommen möchte. Es darf allerdings immer nur ein Kind unterwegs sein.

So gestaltet die Gruppe aus den verschiedenen Herbstfrüchten ein gemeinsames Kreisbild.

Die Kinder versuchen dabei ganz leise zu sein und nicht zu sprechen.

Rüben ziehen

Die Kinder legen sich im Kreis bäuchlings auf den Boden und reichen sich die Hände. Sie spielen die Rüben.

Die Spielleitung übernimmt die Rolle des Bauern, geht außen um den Kreis herum und spricht dazu:

„Der Bauer geht aufs Feld hinaus. Er hat noch nichts geerntet heute, nur eine kleine Rübe."

Bei dem Wort „Rübe" versucht die Spielleitung ein Kind an den Beinen aus dem Kreis zu ziehen.

Die Kinder können dies verhindern, indem sie sich, so gut es geht, festhalten.

Eine Rübe, die geerntet ist, wird in der nächsten Spielrunde zum neuen Bauern.

Gelingt es dem Bauern nicht, eine Rübe aus dem Kreis zu ziehen, versucht er sein Glück in einer neuen Spielrunde ein zweites Mal.

Variante 1
Die Kinder liegen mit geschlossenen Augen am Boden, der Bauer schleicht still um den Kreis herum und versucht die Rüben zu überraschen.

Variante 2
Jede Rübe, die gezogen ist, hilft dem Bauern, so dass es im Laufe des Spiels immer weniger Rüben und immer mehr Bauern gibt.

Oktobernebel

Tanzeinheit

Rückenwiegetanz

MUSIK: ⊙ Nr. 5

Material: CD-Spieler, CD

„Heute wollen wir einander auf ganz besondere Art und Weise ‚Guten Morgen' wünschen, nämlich Rücken an Rücken. Irgendwo auf der Welt gibt es vielleicht ein Land, wo sich die Menschen so begrüßen. Und dabei wiegen sie sich im Tanz!"

Die Spielleitung zeigt das Rückenwiegen mit einem Kind vor. Die anderen Kinder suchen sich einen Partner oder eine Partnerin und probieren es gleich selbst. Damit ist den Kindern die Tanzbewegung von Teil A bereits vertraut.

Die Tanzschritte beginnen mit der Musik ohne Vorspiel.

Teil A mit Wiederholung (langsam)

Die Kinder stehen paarweise im Raum verteilt und wiegen sich, Rücken an Rücken gelehnt, gemeinsam zur Musik. Dabei hängen die Arme locker nach unten, die Hände sind gefasst. Jedes Kinderpaar bestimmt seinen Wiegerhythmus selbst.

Teil B mit Wiederholung (flott)

Die Kinder tanzen, hüpfen oder laufen einzeln kreuz und quer durch den Raum. Die Spielleitung fordert sie rechtzeitig, bevor der langsame A-Teil wieder beginnt, zur erneuten Partnersuche auf.

Der Tanz hat insgesamt drei Durchgänge.

Stille Geste, Stumme Reise

Material: 1 Seidentuch, Bild einer Nebellandschaft (z. B. Postkarte oder altes Kalenderbild)
Vorbereitung: Das Nebelbild, unter einem Seidentuch verborgen, in die Mitte des Turnsaals legen.

Die Kinder setzen sich in einen Kreis um die gestaltete Mitte.
Die Spielleitung legt ihren Zeigefinger geheimnisvoll an die Lippen und wartet, bis alle ganz leise geworden sind.
Dann enthüllt sie mit viel Spannung das Nebelbild, das in der Kreismitte liegt und betrachtet es still. Anschließend reicht sie es mit einer „Stillen Geste" (= Zeigefinger an den Lippen) dem Kind neben sich weiter. So geht das Bild auf „Stumme Reise". Es wandert, ebenso wie die „Stille Geste", von Kind zu Kind langsam im Kreis weiter, bis es wieder bei der Spielleitung angekommen ist.

Spaziergang im Nebelland

Die Spielleitung ermuntert die Kinder dazu, im Raum spazieren zu gehen.
„Als ich heute Morgen aus dem Fenster schaute, war alles in dicken Nebel gehüllt. Ich konnte kaum etwas sehen. Die Menschen und Autos bewegten sich langsam und vorsichtig – im Zeitlupentempo.
Ob ihr euch wohl auch so langsam bewegen könnt? Stellt euch einmal vor, dass unser Turnsaal in dicken, grauen Nebel gehüllt ist. Und stellt euch vor, ihr macht einen Spaziergang durch diesen Nebel. Ganz langsam und vorsichtig seid ihr unterwegs. Im Zeitlupentempo."

Nach einer kurzen Phase des Ausprobierens erweitert die Spielleitung die Aufgabenstellung und gibt den Kindern neue Impulse:
- *„Wer von euch kann im Zeitlupentempo rückwärts gehen?"*
- *„Wer von euch traut sich bei seinem Nebelspaziergang die Augen zu schließen?"*
- *„Wer findet mit geschlossenen Augen einen Freund oder eine Freundin?"*

Tanz der Nebelstreichler

MUSIK: ⊙ Nr. 8

Material: 1 kleine Matte oder Decke pro Kinderpaar, je 1 weißes Seidentuch pro Paar, CD-Spieler, CD
Vorbereitung: Die Matten bzw. Decken im Raum verteilen.

Die Kinder finden sich paarweise zusammen und vereinbaren die Rollen. Das Kind, das den Nebelstreichler spielt, bekommt das weiße Seidentuch. Sein Partnerkind spielt die Erde und legt sich gemütlich auf die weiche Matte (Decke).
Die Spielleitung schaltet die Musik ein.
Die Nebelkinder tanzen dazu mit ihren weißen Seidentüchern durch den Turnsaal. Dabei gleiten die Tücher immer wieder sanft über die am Boden liegenden Kinder, berühren sie leicht, kitzeln sie oder decken sie einen Moment lang zu.
Am Ende des Musikstückes breitet jedes Nebelkind sein Tuch wärmend über sein Partnerkind. Die Kinder wechseln die Rollen.

Die Sonne vertreibt die Nebelgeister

Material: 1 weißes Seidentuch pro Kind, 1 gelbes Seidentuch für das Sonnenkind

Das Kind, das die Sonne spielt, bindet sich das gelbe Seidentuch wie einen Umhang um die Schultern.
Alle anderen Kinder sind Nebelgeister und stecken sich ihr weißes Seidentuch so in den Bund ihrer Turnhose, dass es beim Laufen ein gutes Stück nachflattert.
Die Spielleitung gibt ein Startzeichen und das Fangspiel beginnt.
Das Sonnenkind hat die Aufgabe, die Nebelgeister zu vertreiben, indem es ihnen die weißen Seidentücher wegschnappt.
Die Nebelkinder versuchen dies geschickt zu verhindern, dürfen ihr Tuch aber nicht festhalten.
Wer kein Tuch mehr hat, setzt sich an Ort und Stelle auf den Boden und wird damit für die noch laufenden Kinder zu einem Hindernis.
Sobald das Sonnenkind alle Nebeltücher geschnappt hat, ist das Spiel beendet.

Tanzendes Nebeltuch

Material: 1 großes weißes Nebeltuch
(z.B. 2 – 3 zusammengenähte, alte Bettlaken),
Gong

Die Spielleitung breitet das Nebeltuch in der Raummitte aus.

„Leider gibt es im Herbst auch einen Nebel, der sich von der Sonne nicht vertreiben lässt, einen dicken, grauen, hartnäckigen Nebel. So einen Nebel, oder besser gesagt, so ein dickes Nebeltuch habe ich euch heute mitgebracht. Und unter diesem Tuch, versteckt und verborgen, schlafen die Nebelgeister. Das seid in unserem Spiel natürlich ihr!

Stellt euch vor, ihr spielt Nebeltuchgeister. Ihr seid unter dem Tuch versteckt und erwacht zum Geistertanz.“

Die Kinder finden sich in Vierergruppen zusammen.

Jeweils eine dieser Gruppen spielt bei dem anschließenden Tanzspiel die Nebelgeister und kriecht unter das Bettlaken.

Alle übrigen Kinder schauen zu.

Zu Beginn legen sich die vier Kinder unter dem Tuch ganz still auf den Boden.

Mit einem Gongschlag erweckt die Spielleitung die Nebelgeister zum Leben.

Die darstellenden Kinder beginnen sich unter dem Tuch zu räkeln, Arme und Beine nach oben zu strecken, sich aufzurichten und immer weiter zu wachsen.

Sobald die Kinder unter dem Tuch in den Stand hochgekommen sind, ist ein riesiger „Nebelgeist“ mit vielen Füßen aus ihnen geworden.

Dieser bewegt sich nun tapsend, trampelnd oder stampfend durch den Turnsaal.

Immer wieder führt ein anderes Kind aus der Vierergruppe an.

Die darstellenden Kinder achten darauf, dass sie unsichtbar (mit dem Tuch verhüllt) bleiben.

Mit einem Gongschlag lässt die Spielleitung den „Nebelgeist“ wieder einschlafen.

Die Kinder unter dem Tuch gehen langsam aus dem Stand wieder zu Boden. Ihre Bewegungen werden immer kleiner und zum Schluss liegen alle wieder ruhig unter dem Tuch. Jetzt ist das nächste Quartett an der Reihe.

Jede Kindergruppe bekommt nach ihrer Darstellung einen kräftigen Applaus!

Tipp

Bei sehr jungen oder ängstlichen Kindern ist es hilfreich, wenn die Spielleitung mit unter das Tuch kommt!

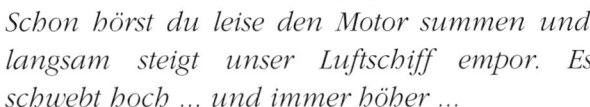

Loslassen, leicht werden, „luftreisen"

MUSIK: ⊙ Nr. 17

Material: 1 großes, weißes Nebeltuch (z. B. 2 – 3 zusammengenähte, alte Bettlaken), 1 gelbes Fruchtbonbon pro Kind, CD-Spieler, CD

Die Spielleitung breitet das Nebeltuch in der Raummitte aus und schaltet die Musik ein.
Kinder und Spielleitung nehmen auf dem Nebeltuch Platz, legen sich hin und kuscheln sich dicht aneinander.
Die Spielleitung wartet, bis die Kinder still geworden sind.

„Stellt euch vor, das weiße Nebeltuch, auf dem wir liegen, nimmt uns mit auf eine Reise. Gemeinsam fliegen wir heute im ‚Nebelluftschiff' übers Land.
Dabei sind wir ganz still und jeder kann seinen Gedanken und Träumen nachhängen.
(Pause)

Bevor wir unsere Reise beginnen, mache es dir zuerst noch ganz bequem in unserem Luftschiff. Vielleicht möchtest du dich umdrehen oder gemütlich zur Seite rollen. Leg dich so hin, dass du dich wohl und angenehm fühlst.
Spüre, wo dein Körper den Boden berührt und lass ihn in den Boden hinein sinken. Du kannst dich ausruhen und entspannen auf der Reise. Und du bist sicher und gut aufgehoben. Von deinem Platz aus, kannst du alles um dich herum gut sehen. Du weißt, dir kann nichts geschehen.

Schon hörst du leise den Motor summen und langsam steigt unser Luftschiff empor. Es schwebt hoch ... und immer höher ...
Der Wind trägt uns fort. Sieh nur, wie klein alles wird. Die Häuser unter uns sehen fast wie Spielzeug aus. Ganz sanft trägt uns das Nebelluftschiff mit den Wolken dahin. Ganz leicht schweben wir über den Himmel.
Wenn du magst, kannst du jetzt deine Augen schließen, ein wenig träumen und dir die Welt von innen anschauen.
Lausche der Musik und horche still in dich hinein!
Vielleicht spürst du den Flugwind auf deiner Haut, dann lass dich von ihm streicheln!
Und nun sei nur ganz leise und träume!"

Nach einer kleinen Weile lässt die Spielleitung die Traumreise ausklingen: *„Langsam wird es Zeit, dass unser Nebelluftschiff wieder zur Erde zurückkehrt. Schon gleitet es ein wenig tiefer. Siehst du den Kindergarten unter uns? Bald werden wir wieder landen ... Ganz sanft setzt unser Luftschiff auf der Erde auf. Jetzt sind wir wieder daheim.*
Nun recke und strecke dich ein wenig und öffne deine Augen. Wir sind zurück von unserer Reise."

Die Spielleitung blendet die Musik leise aus und bittet die Kinder, noch kurz liegen zu bleiben. Leise geht sie von Kind zu Kind und legt allen einen Sonnengruß (= ein gelbes Fruchtbonbon) auf die Bauchdecke. Wer die Sonnengabe erhalten hat, steht leise auf.

Streichelwind, Luftikus und Wirbelsturm

Vorbereitende Aktivität

Windwedel basteln

Material: Rundholzstäbe (Ø 1 cm), Säge, feste Schnur, Krepppapier in verschiedenen Farben, Schere

Vorbereitung: Die Rundholzstäbe in ca. 30 cm lange Stücke sägen

Die Kinder schneiden aus dem Krepppapier mehrere etwa 5 cm breite Streifen in einer Länge von ca. 1 m.

Nun werden 5 – 6 Krepppapierbänder in verschiedenen Farben mit der festen Schnur an einem Ende des Stöckchens befestigt.

Schwingt man die Windwedel durch die Luft, rascheln die Bänder und flattern lustig auf und ab.

Rundholzstäbe

farbiges Krepppapier

Schnur

1m

5cm

Streifen ausschneiden

Tanzeinheit

Schütteln, schwingen, locker werden

MUSIK: ⊙ Nr. 6

Material: CD-Spieler, CD

Die Kinder stellen sich im ganzen Turnsaal verteilt auf und zwar so, dass alle die Spielleitung gut sehen können.

Gemeinsam nennen Spielleitung und Kinder verschiedene Körperteile, die sich schwingen, schütteln, bewegen und auflockern lassen (z.B. Arme, Beine, Kopf, Schultern, Becken, Hände, Füße, Rumpf, usw.)

Dann schaltet sie die Musik ein und ruft einen dieser Körperteile aus. Die Kinder bleiben ruhig auf ihrem Platz stehen und schütteln zur Musik nur den entsprechenden Körperteil und zwar so lange, bis jemand einen anderen Körperteil ausruft. Jetzt wird der neu ausgerufene Körperteil isoliert zur Musik geschüttelt und geschwungen. So geht es im Wechsel weiter, bis der ganze Körper durchgeschüttelt und aufgelockert ist.

Variante

Jeder neue Körperteil, der ausgerufen wird, kommt zu der vorhandenen Bewegung dazu. Im Lauf des Spiels gerät der ganze Körper in Schwingung.

Spiele mit der Windfolie

Material: Abdeckfolie aus dem Baumarkt (ca. 4 x 5 m)

Die Kinder setzen sich in einem Kreis auf den Boden und schließen die Augen.

Die Spielleitung faltet die Abdeckfolie auseinander und gibt jedem Kind ein Stück vom Rand der Folie in die Hände.

Auf ein vereinbartes Zeichen öffnen die Kinder ihre Augen.

„Die Folie in euren Händen ist keine gewöhnliche Folie! Es ist eine Windfolie! Wir können damit gemeinsam Wind erzeugen."

Zur Begrüßung schickt jedes Kind der Reihe nach einen Windgruß übers Land. Dazu heben die Kinder nacheinander ihren Teil der Folie kurz und kräftig an (auf der Oberfläche entsteht eine Wellenbewegung, die zur Mitte rollt und sich auf der gegenüber liegenden Seite verliert). Die Begrüßung wandert langsam im Kreis herum.

Wenn alle einen Windgruß verschickt haben, ermuntert die Spielleitung die Kinder dazu, gemeinsam Wind zu erzeugen.

Am Anfang wedelt die Spielgruppe die Folie ganz vorsichtig im Sitzen. Es entsteht ein sanfter, leichter „Streichelwind".

Dann knien sich die Kinder auf den Boden und schwingen die Folie kräftiger. Es entsteht ein starker, frischer „Luftikus".

Zuletzt stehen alle auf und laufen miteinander im Kreis. Dazu wird die Folie wild geschwungen und es entsteht einen heftigen „Wirbelsturm".

Die Spielleitung ruft nun den Kindern verschiedene Windstärken zu:

- *„Streichelwind"*
- *„Luftikus"*
- *„Wirbelsturm"*

Die Kinder reagieren entsprechend.

Anschließend bittet sie die Kinder, die Windbewegungen aufeinander abzustimmen. Gemeinsam senkt die Spielgruppe die Folie zu Boden und hebt sie dann gleichzeitig wieder an. Dadurch entsteht für einen kurzen Moment ein Winddach über den Köpfen der Kinder.

- Zu zweit laufen die Kinder der Reihe nach unter dem Winddach durch.
- Zu zweit legen sich die Kinder unter die Folie auf den Boden, spüren den Wind und träumen ein wenig.

GärtnerInnen, Wind und Gartenmist

Material: Abdeckfolie aus dem Baumarkt (s. S. 34), leere Joghurtbecher, Schaumstoffbälle

Alle, außer 4 – 5 Kinder, stellen sich um die Folie herum und halten den Folienrand in den Händen. Sie spielen den Wind.

Die 4 – 5 Kinder sind GärtnerInnen und stehen etwas abseits.

Die Spielleitung wirft jede Menge Gartenmist (= leere Joghurtbecher und Schaumstoffbälle) in die Mitte der Folie.

Auf ein Startzeichen der Spielleitung hin, schütteln die Windkinder nun die Folie so kräftig als möglich. Dabei sollen die Joghurtbecher und Schaumstoffbälle zu Boden geschleudert werden.

Gleichzeitig sammeln die GärtnerInnen den „Mist" auf und werfen ihn erneut auf die Folie. Die Kinder wechseln mehrmals die Rollen, so dass es immer wieder neue Windkinder und GärtnerInnen gibt.

Flirten mit den Füßen

MUSIK: ⊙ Nr. 17

Material: Abdeckfolie (s. S. 34), CD-Spieler, CD

Die Kinder setzen sich im Kreis auf den Boden und strecken die Beine unter die Folie.
„Nach der anstrengenden Arbeit haben wir uns eine Ruhepause verdient!"
Die Kinder rutschen so weit in den Kreis hinein, dass sich ihre Füße in der Mitte berühren.
Nun legen sich alle gemütlich auf den Boden zurück und decken sich mit der Folie zu.
Wer von den Kindern möchte, schließt die Augen.
Die Musik wird angestellt und die Kinderfüße beginnen sich gegenseitig vorsichtig und sacht zu erkunden. Jeder Fuß versucht einen anderen Fuß zu verwöhnen, ihn zu streicheln oder zu massieren.
Am Ende des Musikstücks liegen die Füße wieder ganz ruhig und still auf dem Boden.

Drei geheimnisvolle Stühle

MUSIK: ⊙ Nr. 2, 4 und 9

Material: 3 Stühle, mehrere aufgeblasene Luftballons, Chiffontücher, Windwedel (s. S. 33), Heulschläuche (= gerippte Kunststoffschläuche, die Windgeräusche erzeugen, sobald sie geschwungen werden), CD-Spieler, CD
Vorbereitung: Die Spielleitung stellt in drei Ecken des Turnsaals je einen Stuhl auf und legt die entsprechenden Materialien darauf bereit. Auf einem Stuhl liegen Luftballons und Chiffontücher, auf dem zweiten Stuhl Windwedel und auf dem dritten Stuhl Heulschläuche.

Die Kinder ordnen sich beliebig einem Stuhl zu, je nachdem, welche Windstärke sie gerne tanzen möchten.
Die Luftballons und Chiffontüchern symbolisieren einen leichten sanften Streichelwind.
Die Windwedel stehen symbolisch für einen kräftigen Herbstwind und die Heulschläuche für einen Wirbelsturm.
Wenn alle Kinder ihren Platz gefunden haben, beginnt die Spielleitung zu erzählen:

„Stellt euch vor, wir machen einen gemeinsamen Spaziergang. Das Wetter ist schön. Es weht nur ein sanfter Streichelwind.
Ganz leicht sind seine Windbewegungen. Der Wind lässt Blätter und Federn durch die Luft gleiten. Er tanzt schwebend und leichtfüßig über die Wiese. Er gleitet über die Erde und zeigt uns einen sanften Streichelwindtanz!"
An dieser Stelle schaltet die Spielleitung die Musik Nr. 4 ein und die erste Kindergruppe beginnt zu tanzen. Mit Luftballons und Chiffontüchern stellen die Kinder den „Streichelwind" tänzerisch dar.
Am Ende des Musikstückes werden sie von den zuschauenden Kindern kräftig beklatscht und die Spielleitung erzählt weiter:

„Unser Spaziergang ist längst noch nicht zu Ende. Gemütlich schlendern wir dahin. Doch mit einem Mal wird der Wind etwas kräftiger. Er pfeift uns um die Ohren. Er dreht Schleifen und Achter. Fröhlich fegt er durch die Luft und lässt seine Windbänder flattern. Hüpfend und springend bewegt er sich und zeigt uns den Luftikustanz.“

Zu der Musik Nr. 2 tanzt die nächste Kindergruppe mit Windwedeln durch den Turnsaal. Am Ende der Darbietung folgt kräftiger Applaus und die Spielleitung setzt die Erzählung fort:

„Immer stärker wird der Wind auf unserem Spaziergang. Ein heftiger Sturm kommt auf. Er jault und heult. Er bläst und faucht. Ausgelassen und wild wirbelt er herum. Ungestüm und heftig ist sein Tanz. Seine Bewegungen sind ausladend und hektisch. Nehmt euch in Acht, jetzt tanzt der Wirbelwind!“

Die Musik Nr. 9 wird eingeschaltet und die dritte Kindergruppe tanzt dazu mit Heulschläuchen durch den Turnsaal. Am Ende der Darbietung applaudieren alle.

Windspiralentanz

MUSIK: ⊙ Nr. 7

Material: CD-Spieler, CD

Die Kinder bilden einen großen Kreis in der Turnsaalmitte und fassen sich an den Händen. Die Spielleitung bittet die Kinder, einander beim folgenden Windtanz gut festzuhalten.
Die Tanzschritte beginnen mit der Musik.

Teil A (langsam):
Es ist windstill, kein Lüftchen regt sich.
Im Rhythmus der Musik langsam insgesamt 32 Schritte nach rechts im Kreis gehen.

Teil B (flott):
Ein Wirbelsturm fegt über das Land.
Die Spielleitung öffnet den Kreis und führt die Kinder mit Laufschritten in einer Spirale (Schnecke) zur Mitte und wieder hinaus. Dabei machen alle Windgeräusche.

Beim Hinauslaufen aus dem Labyrinth ist es wichtig, dass die Spielleitung um das letzte Kreiskind herum einen Bogen läuft und die Kinderschlange noch eine ganze Runde im Kreis hinter sich herzieht.
So stehen am Ende von Teil B alle wieder mit der Blickrichtung zur Mitte gewandt.
Die Spielleitung schließt den Kreis.
Der Tanz beginnt mit Teil A von vorne.
Er hat insgesamt drei Durchgänge.

Schaukeln in der Hängematte, die Seele baumeln lassen

Material: 1 weiche Matte, 1 große feste Decke

Die Spielleitung legt gemeinsam mit den Kindern eine weiche Matte in die Mitte des Turnsaals und breitet die Decke darüber.
Die Kinder stellen sich im Kreis rundherum.
Aus der Decke wird nun eine Hängematte.
Eines der Kinder nimmt darin Platz.
Alle anderen fassen die Decke rundherum an.
Sie spielen den Wind! Dazu heben sie die Decke hoch und schaukeln bzw. wiegen das Hängemattenkind einige Male sanft hin und her.
Dann kommt das nächste Kind an die Reihe.

Wenn's draußen dunkel wird

Vorbereitende Aktivität

Faltsterne basteln

Material: Karton, Bleistift, goldenes Tonpapier, Schere; evtl. kleine flache Geschenke (z.B. 1 gepresste Blüte, 1 kleine Zeichnung, 1 Feder, 1 Glückstaler, 1 nettes Grußwort)

Vorbereitung: Aus festem Karton ein gleichseitiges Dreieck mit etwa 10 cm Seitenlänge ausschneiden.

Die Kinder legen das Dreieck auf das goldene Tonpapier, zeichnen es nach und schneiden es aus.

Sie falten das ausgeschnittene Dreieck zu einem kleinen Stern, dafür legen sie das Dreieck so vor sich hin, dass eine der drei Ecken als Spitze nach oben weist, dann:

- die senkrechte Mittellinie (= Höhe des Dreiecks) falten
- das Papier wieder öffnen
- das Dreieck weiterdrehen, bis seine nächste Ecke als Spitze nach oben weist
- wieder die senkrechte Mittellinie (= Höhe) falten, Papier öffnen und weiterdrehen
- ein drittes Mal ebenso verfahren (ein deutlicher Kreuzungspunkt der Linien ist sichtbar)
- eine Ecke nach der anderen zur gegenüber liegenden Seitenmitte falten und als Sternenzacke bis an den Kreuzungspunkt der Linien nach außen klappen
- die dritte Sternenzacke unter die erste einstecken

Der Faltstern ist fertig!

Tipp

In den Faltsternen lassen sich kleine flache Geschenke und Überraschungen verstecken (z.B. eine gepresste Blüte, eine kleine Zeichnung, eine Feder, ein Glückstaler, ein nettes Grußwort)

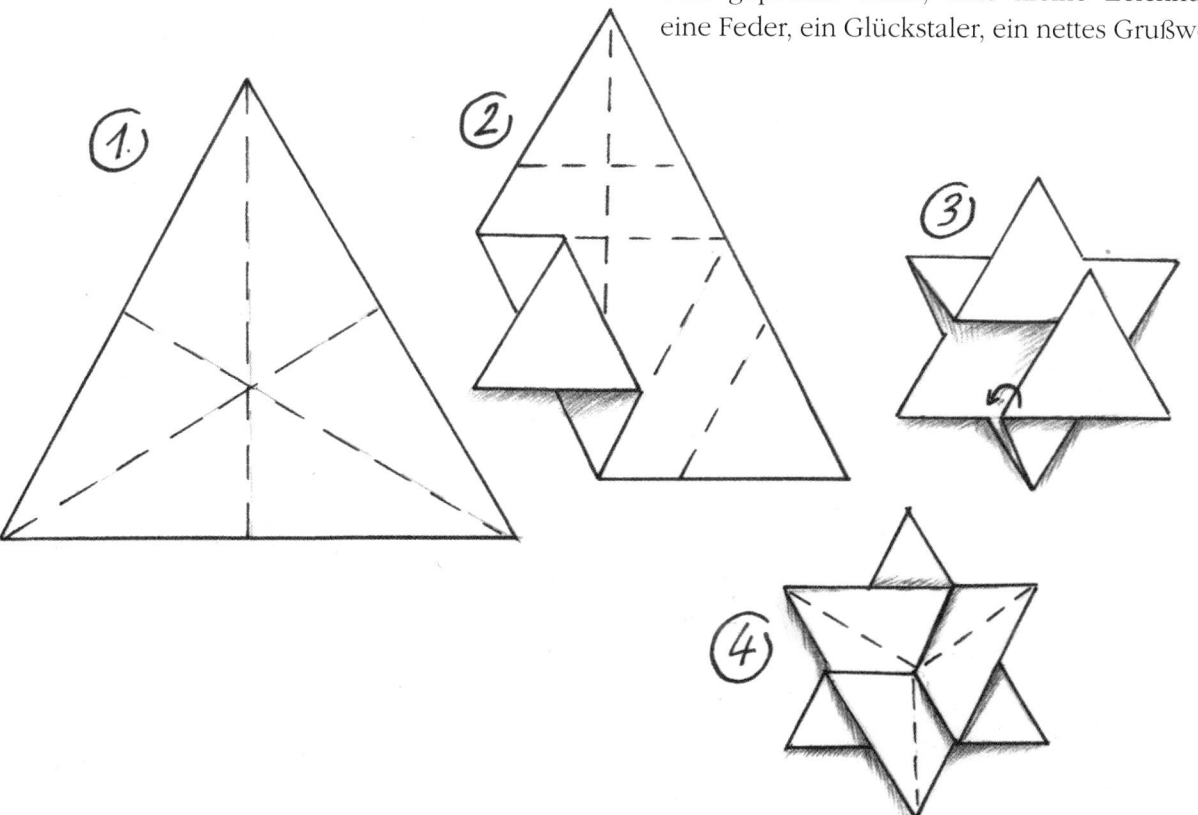

Tanzeinheit

Die Dunkelheit erkunden

Vorbereitung: Den Turnsaal verdunkeln.

Die Kinder setzen sich im Kreis auf den Boden und rücken dicht zusammen.

Die Spielleitung schaltet das Licht im Turnsaal aus, so dass es stockdunkel wird. Gemeinsam warten die Kinder, bis sich ihre Augen an die Dunkelheit gewöhnt haben und betrachten den veränderten Turnsaal.

Sobald sie sich besser orientieren können, begeben sich die Kinder alleine oder paarweise auf einen Spaziergang durch den dunklen Turnsaal. Zur Unterstützung können sich die Kinderpaare an den Händen halten.

Jedes Kind entscheidet für sich selbst, wann es sich sicher genug fühlt um loszuspazieren. Alle Ecken und Nischen des Raumes werden in der Dunkelheit erkundet.

Anschließend trifft sich die Gruppe wieder im Kreis.

Die Spielleitung ermuntert die Kinder, von ihren Gefühlen und Eindrücken zu erzählen.

Lichterkegelspiel

MUSIK: ⊙ Nr. 1

Material: 1 Stehlampe, CD-Spieler, CD
Vorbereitung: Den Turnsaal verdunkeln. Eine Stehlampe in eine Ecke des Raumes stellen und einschalten. Die Lampe wirft einen Lichtkegel auf den Boden, ansonsten ist es finster im Raum.

Die Spielleitung schaltet die Musik ein.
Die Kinder hüpfen, springen oder tanzen dazu, wie sie gerne möchten.
Jedes Mal, wenn die Musik stoppt, hüpfen alle Kinder so rasch als möglich in den Lichtkegel der Stehlampe.

Variante

Nach ein paar Durchgängen wird aus dem Spiel ein Wettspiel. Das Kind, das als letztes in den Lichtkegel springt, muss in der nächsten Spielrunde die Musik stoppen.

Kleiner Lichtstrahl,
zeig mir den Weg

Material: 4 Matten, 1 Taschenlampe
Vorbereitung: Den Turnsaal verdunkeln. Die Matten am Turnsaalrand auflegen.

Die Kinder setzen sich in einem großen Kreis auf den Boden.
Die Spielleitung schaltet die Taschenlampe ein und bittet die Kinder, einzeln dem Lichtpunkt der Lampe zu folgen, sobald sie angeleuchtet werden.
Dann holt sie ein Kind nach dem anderen mit dem Taschenlampenlicht ab und führt es auf verschiedenen Raumwegen durch den dunklen Turnsaal. Dabei folgen die Kinder dem Licht-punkt auf dem Boden. Das Licht weist ihnen den Weg und führt sie zu einer der vier Matten, die am Turnsaalrand liegen.
Dort angekommen setzt sich jedes Kind auf die entsprechende Matte.
Am Ende des Spiels sind vier Kindergruppen entstanden.

Variante

Das Kind, das mit der Taschenlampe ange-leuchtet wird, hat die Aufgabe, den Lichtpunkt am Boden zu fangen.
Die Spielleitung bewegt die Taschenlampe, so dass der Lichtpunkt auf dem Boden hin- und hertanzt. Er gilt als gefangen, sobald das Kind darauf steigt oder hüpft, oder sobald es mit der Hand darauf klatscht.

Zu Besuch bei den Leuchtkäfern

MUSIK: ⊙ Nr. 2

Material: mehrere Taschenlampen, verschiedenfarbiges Transparentpapier, Gummiringe, CD-Spieler, CD
Vorbereitung: Den Turnsaal verdunkeln. Die Spielleitung spannt buntes Transparentpapier über die Taschenlampen und befestigt es mit Gummiringen.

Die Kinder finden sich in kleinen Gruppen (etwa 4 – 6 SpielerInnen) zusammen und setzen sich an den Turnsaalrand.
Die Spielleitung erzählt:

„Wir Menschen schlafen in der Nacht. Aber ihr wisst, dass es eine Menge Tiere gibt, die erst bei Anbruch der Dunkelheit erwachen. Das sind der Igel, die Eule, die Fledermaus oder die Leuchtkäfer. Und diese kleinen Nachtschwärmer wollen wir jetzt gemeinsam besuchen.
Stellt euch vor, heute ist Leuchtkäfernacht! Und die Leuchtkäfer treffen sich zu einem fröhlichen Tanz. Wir können ihnen dabei zuschauen, denn diese Leuchtkäfer spielt ihr.“

Die Spielleitung verteilt die bunten Transparentpapier-Taschenlampen an die erste Kindergruppe und stellt die Musik an.
Die Taschenlampenkinder tanzen mit ihren angeknipsten Lichtern durch den Turnsaal.
Durch das Schwingen der Arme zaubern sie dabei bunte leuchtende Farbkreise an die Wände, die Decke und den Boden des Raumes. Ein zauberhaftes Lichterschauspiel beginnt.
Am Ende bekommen die Leuchtkäfer einen kräftigen Applaus und geben die Taschenlampen an die nächste Kindergruppe weiter. So wechseln die Rollen!

Tanz der Schattengeister

MUSIK: ⊙ Nr. 6

Material: 1 Leintuch, feste Schnur, 2 kleine Nägel, Hammer, 4 – 5 Wäscheklammern, Stehlampe, CD-Spieler, CD

Vorbereitung

Den Turnsaal verdunkeln.

Die Spielleitung spannt ein Leintuch in eine Ecke des Raumes (dazu 2 kleine Nägel in die Wand einschlagen, eine feste Schnur anbringen und das Leintuch mit ein paar Wäscheklammern daran befestigen). Es sollte in der Höhe der Größe der Kinder entsprechen und bis zum Boden reichen.

Die Spielleitung stellt die Stehlampe hinter das Leintuch und schaltet sie ein.

Die Kinder finden sich in Vierergruppen zusammen und setzen sich in einem Halbkreis vor dem Leintuch auf den Boden, so dass alle gut sehen können.

„Stellt euch vor, es wird bald Mitternacht und wir besuchen ein altes Schloss, in dem Gespenster ihr Unwesen treiben!"

Gemeinsam überlegen und beratschlagen die Kinder, wie sich Gespenster wohl bewegen, wie sie wohl tanzen und sammeln verschiedene Ideen:

- Arme ausbreiten und wie im Fluge auf und ab schwingen
- auf den Zehenspitzen über den Boden schweben
- Hände und Finger zappeln lassen
- laut stampfen
- sich riesengroß und dann winzig klein machen
- aufeinander zufliegen
- voneinander wegfliegen

Nun wird die Musik angestellt und die erste Kindergruppe schlüpft hinter das Leintuch. Der Schattengeistertanz beginnt. Die darstellenden Gespenster improvisieren zur Musik und lassen sich hinter dem Leintuch verschiedene Bewegungen einfallen.

Am Ende des Musikstückes werden sie ausgiebig beklatscht. Dann wechseln die Rollen.

Tipp

In der Schattendarstellung erscheinen selbst wenige kleine Bewegungen sehr ausdrucksstark und wirkungsvoll. Da der Abstand der Kinder zur Lichtquelle durch die Bewegungen variiert, erscheinen die Körper im Schattenbild manchmal riesengroß und verzerrt. Die Kinder sind meist fasziniert von diesem Schauspiel und der Wirkung des Tanzes.

Lichterflammentanz

MUSIK: ⊙ Nr. 8

Material: 1 Stehlampe, rote und orange Seidentücher, 1 Leuchtstab oder Zauberstab, CD-Spieler, CD

Vorbereitung: Den Turnsaal verdunkeln. Die Stehlampe in eine Ecke des Turnsaal stellen, mit einem roten Seidentuch abdecken und einschalten.

„Jetzt wird es Zeit, dass wir die Dunkelheit aus dem Turnsaal vertreiben!"

Die Spielleitung verteilt gelbe, orange und rote Seidentücher an die Kinder, sodass drei Farbgruppen entstehen. Sie spielen im folgenden Tanz die Lichterflammen.

Alle Kinder legen sich mit ihren Tüchern ruhig auf den Boden.

Die Spielleitung schaltet die Musik ein und geht mit einem leuchtenden Zauberstab langsam von Kind zu Kind.

Dasjenige, das sie mit dem Zauberstab berührt (= anzündet), bewegt seine Arme und Beine wie eine kleine züngelnde Flamme.

Bald sind alle Kinder in Bewegung und die Flammen wachsen.

Nach und nach vereinen sich die einzelnen Lichterflammen zu einem großen Feuer im Kreis. Abwechselnd tanzt eine Flammenfarbengruppe nach der anderen in der Mitte, während die Kinder im Kreis leichte Schaukelbewegungen am Platz machen und ihr Tuch schwenken.

Gegen Ende des Musikstückes vereinzeln sich die Lichterflammen wieder.

Das Feuer erlischt.

Komm mit auf Sternenreise

(Traumgeschichte)

Material: 1 Matte oder Decke pro Kind, 1 rundes Tablett, viele Teelichter, Streichhölzer, 1 kleiner Faltstern (s. S. 39) pro Kind

Vorbereitung: Den Turnsaal verdunkeln. Ein Tablett mit vielen angezündeten Teelichtern in die Raummitte stellen. Die Matten (Decken) sternenförmig um die gestaltete Mitte legen.

Die Spielleitung bittet die Kinder, auf den Matten (Decken) Platz zu nehmen und sich gemütlich auf den Rücken zu legen.

Während sie die Traumgeschichte erzählt, legt sie heimlich neben jedes Kind einen kleinen Stern:

„Mach es dir ganz bequem auf deiner Matte (Decke). Lass deinen Körper in den Boden hinein sinken und atme alles aus, was dich bedrückt. Ich werde dir nun eine Geschichte erzählen. Vielleicht siehst du dazu ein paar Bilder in dir.

Schließe jetzt einfach deine Augen. Und dann nimm deine Hände und leg sie vorsichtig, wie eine warme Decke, über deine Augen. So kannst du nämlich besser nach innen schauen.

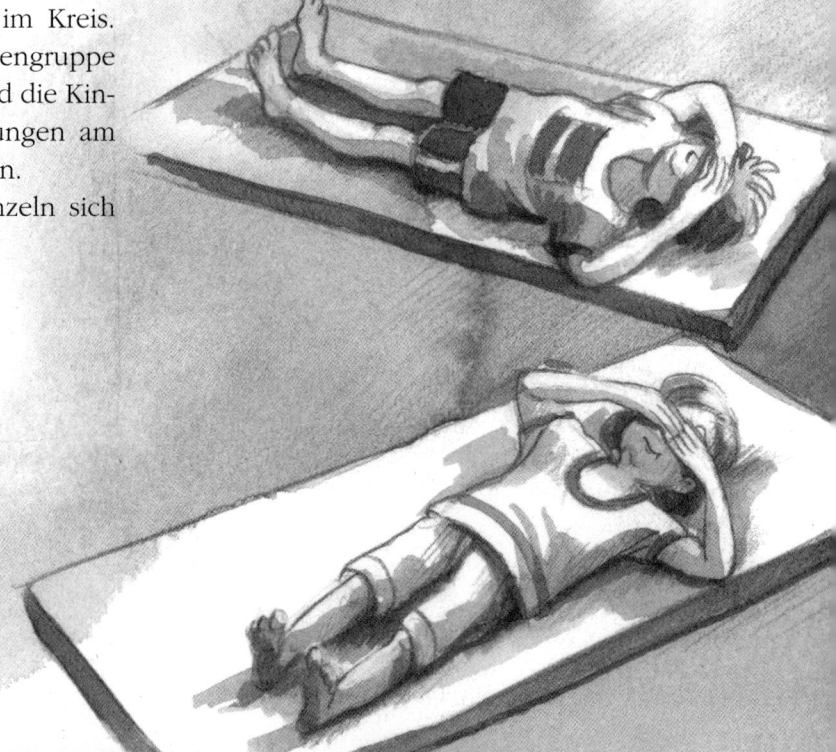

Und nun stell dir vor, du liegst auf einer Wiese unter dem Sternenhimmel. Es sind so viele Sterne, dass niemand sie zählen kann. Der ganze Himmel glitzert, funkelt und strahlt.
Siehst du den Sternenhimmel? Lass dir ruhig etwas Zeit dabei.
Und dann betrachte ihn genau – seine Farben und sein helles Licht.
Dein Sternenhimmel strahlt nur für dich allein. Mit seinem Leuchten schenkt er dir Ruhe und neue Kraft.
Fühlst du es in dir? Dann genieße das Gefühl und nimm es tief in dir auf.

Vielleicht kannst auch noch etwas anderes spüren, nämlich die Wärme, die von deinen Händen ausstrahlt – wohlig und angenehm.
Deine Augen genießen diese Wärme. Und die Geborgenheit unter dem „Händedach". Sie brauchen auf nichts zu achten, sondern werden von deinen Händen beschützt.
Der Sternenhimmel und das Händedach tun dir gut.
Du fühlst dich wohl und gestärkt und erfrischt. Und so bleibt es auch, wenn du jetzt langsam deine Hände von den Augen wegnimmst.
Halte deine Augen aber bitte noch einen Moment geschlossen. Kannst du einen Unterschied spüren? Wie fühlen sich deine Augen jetzt an? War die Sternenreise angenehm? Spüre ein wenig nach.
Wenn du möchtest, kannst du jetzt langsam deine Augen wieder öffnen.
Strecke und räkle dich ein wenig und komm mit deiner Aufmerksamkeit in den Turnsaal zurück.
Und dann schau, was da neben dir liegt?" (Es ist ein kleiner Stern!)

Tiere, Winter, Eis und Schnee

Tanzeinheit

Hände fühlen, Finger tasten

Material: 1 große Schale voll Schnee, 1 Tuch
Vorbereitung: Die mit Schnee gefüllte Schale in die Mitte des Raumes stellen und mit einem großen Tuch bedecken.

Die Kinder setzen sich in einen Kreis um die gestaltete Mitte.
Geheimnisvoll nimmt die Spielleitung die verhüllte Schneeschale aus der Kreismitte und geht damit von Kind zu Kind.
Jedes Kind steckt seine Hände unter das Tuch und betastet den kalten Schnee.
Dabei wird nicht gesprochen. Keines der Kinder verrät etwas über den Inhalt der Schale.
Erst wenn alle getastet haben, erzählen die Kinder, was sie gespürt haben. Jedes Kind nennt seine Vermutung über den Inhalt der Schale.
Dann wird das Geheimnis gelüftet!

Schneeflockentanz

MUSIK: ⊙ Nr. 8

Material: 1 weißes Seidenband (Seidentuch) pro Kind, CD-Spieler, CD

Die Spielleitung verteilt weiße Seidenbänder an die Kinder.
„Gestern hat es den ganzen Tag geschneit. Bäume und Sträucher haben weiße Hauben bekommen und auf der Wiese liegt eine dicke Schneedecke. Stellt euch vor, ihr seid selber Schneeflocken. Ihr schwebt ganz sachte zur Erde. Oder ihr fliegt mit dem Wind durch die Luft. Lasst euch verschiedene Bewegungen einfallen. Und lasst euer Schneeband tanzen.“
Mit diesen Worten schaltet die Spielleitung die Musik ein und die Kinder tanzen mit den Seidenbändern als Schneeflocken durch den Turnsaal.

Gestaltungsmöglichkeiten

- das Band vor und zurück schwingen
- Achter und Schleifen vor dem Körper drehen
- das Band hoch über den Kopf halten und damit laufen
- sich um die eigene Achse drehen und das Band nachflattern lassen
- mit den Armen kleine und große Spiralen drehen
- das Band in die Luft werfen und wieder auffangen

Futtersuche der Eichhörnchen

MUSIK: ⊙ Nr. 9

Material: Matten, viele Teppichfliesen, CD-Spieler, CD; evtl. 1 kleines Säckchen, 2 – 3 Nüsse pro Kind

Vorbereitung: Ein weiches Mattenlager in der Mitte des Turnsaals herrichten und rundherum viele Teppichfliesen auf dem Boden verteilen.

Die Spielleitung bittet die Kinder, im folgenden Spiel den Eichhörnchen bei der Futtersuche zu helfen. Dabei sollen sie darauf achten, dass ihre Tierpfoten (= Füße) im Schnee nicht nass werden. Der Turnsaalboden darf nicht berührt werden.

Zu der beschwingten Musik hüpfen oder tanzen die Kinder von Teppichfliese zu Teppichfliese, ohne auf den Boden zu treten.

Immer, wenn die Musik stoppt, versammeln sich alle Eichhörnchen rasch auf dem weichen Mattenlager und ruhen sich von der anstrengenden Futtersuche aus.

Variante

Ein kleines Säckchen voll Nüsse steht im Nest (auf dem weichen Mattenlager). Immer, wenn die Tanzmusik stoppt, schnappt sich ein flinkes Eichhörnchen die Nüsse.

Wer seinen „Winterproviant" hat, setzt sich damit an den Turnsaalrand.

Alle anderen Eichhörnchen beginnen mit dem Einsetzen der Musik ihre Futtersuche von Neuem.

Die Nüsse nach jedem Durchgang nachfüllen.

Ein Bärenkuschelnest zum Träumen

Material: 1 großer Korb, viele weiche Decken, Polster, Tücher usw.

Die Spielleitung bringt einen großen Korb voll Polster, Tücher und Decken.

„Manche Tiere suchen sich im Herbst eine warme Höhle oder ein weiches Nest. Dort machen sie es sich gemütlich und halten Winterruhe. Auch die Bären machen es so. Ihr dürft euch jetzt, genau wie sie, ein kuscheliges Bärennest bauen!"

Mit diesen Worten stellt die Spielleitung den großen Korb voll Polster, Tücher und Decken in die Turnsaalmitte.

Jedes Kind sucht sich einen Platz im Turnsaal und baut sich ein weiches Bärennest.

Wenn nötig, hilft die Spielleitung jüngeren Kindern, sich zu organisieren.

Sich in die Decke rollen, tagträumen, lauschen

Material: Honig, 1 TL pro Kind, evtl. Servietten, Bärenkuschelnester (s. S. 47)

Die Kinder liegen gemütlich in ihren selbst gestalteten Bärennestern und lauschen der Geschichte.

„In einer Braunbärenfamilie lebte einmal ein kleiner Bär, der liebte nichts so sehr wie Honig. Im Herbst sammelten die Bären Früchte und Nüsse für den Winter und schleppten alle Vorräte in die Bärenhöhle. Nur der kleine Bär sammelte keine Nüsse und auch keine Früchte. Er sammelte den lieben langen Tag Honig, denn er liebte ihn über alles!

Es war einfach ein wunderbares Gefühl, in der Wiese zu sitzen, sich die Bärentatze in den Mund zu stecken und den Honig zu schlecken. Ein unvergleichbar herrliches Gefühl!

Langsam kam der Winter heran. Die Bären hatten viel gesammelt, auch der kleine Bär.

Jetzt konnten sie sich in der Bärenhöhle ausruhen. Sie kuschelten sich dicht aneinander, schlossen den Eingang und schliefen ein. Den halben Winter lang träumten sie. Sie träumten von der Sonne, vom Licht und der Wärme, von weiten, grünen Wiesen und von saftigem Fleisch. Bloß der kleine Bär, der träumte nur von seinem süßen gelben Honig! Er lag da, seufzte und schmatzte und leckte sich manchmal im Schlaf seine Bärennase ab. Wenn er es aber gar nicht mehr aushielt, schlich er zu seinen Honigtöpfen, steckte die Tatze hinein und schleckte ein wenig. Dann schlief er seelenruhig weiter.

Auch die anderen Bären erwachten manchmal und fraßen nach und nach alle Vorräte auf. Bald ging das Futter aus. Der Winter aber war lang noch nicht um!

Da wurde den Bären in ihrer Höhle kalt. Sie fühlten sich traurig und müde und schwer.

Auf einmal ging ein Lächeln über das Gesicht des kleinen Bären.

‚Ich weiß etwas!‘, rief er fröhlich. ‚Legt euch hin, schließt eure Augen und öffnet den Mund! Denkt an die Sonne, die Wiesen, die Bienen und denkt an die Frühlingszeit!‘

Nun holte der kleine Bär, so leise er konnte, seinen letzten Honigtopf. Vorsichtig steckte er die Tatze hinein und gab allen etwas Honig zu kosten. Die Bären seufzten vor Glück. Dann kuschelten sie sich wieder dicht aneinander und schliefen tief und fest, so lang, bis es Frühling war.“

Am Ende der Geschichte geht die Spielleitung leise von Kind zu Kind und gibt allen, die gerne möchten, einen Löffel Honig in den Mund.

Morgengymnastik für müde Tanzbären

MUSIK: ⊙ Nr. 10

Material: CD-Spieler, CD

Langsam erwachen die Bären aus ihrer Winterruhe und lockern bei einer Morgengymnastik ihren Körper auf.
Gemeinsam sammeln die Kinder Ideen, wie der Morgentanz der Bären wohl aussehen könnte:

- die Bären brummen laut
- sie klopfen sich das Fell ab
- sie strecken und recken sich
- sie machen einen Bärenbuckel
- sie gähnen und stellen sich auf die Hinterbeine
- sie schütteln ihren Bärenkörper aus
- sie tapsen schwerfällig und behäbig durch den Turnsaal
- sie reiben sich das Fell aneinander

Die Musik wird angestellt und der Bärentanz beginnt.

Jeder Bär wählt für seine Morgengymnastik sein eigenes Tempo.

Am Ende des Musikstückes sind alle Bären wach und auf den Beinen!

Ruhiger Schneeflocken-reigen

MUSIK: ⊙ Nr. 8

Material: 1 große Schale voll Schnee, 1 weißes Seidenband (Seidentuch) pro Kind und Spielleitung, CD-Spieler, CD

Die Spielleitung stellt die Schneeschale in die Turnsaalmitte und bindet jedem Kind und sich selbst ein weißes Seidenband um das rechte Handgelenk.
Die Kinder stellen sich in einen Kreis um die gestaltete Mitte und reichen sich die Hände.
„Wir haben heute mit einem Schneeflockentanz begonnen, wir wollen auch mit einem gemeinsamen Schneeflockentanz aufhören."
Die Tanzschritte beginnen nach 4 Takten Vorspiel.

Grundschritt A

15 langsame Schritte nach rechts im Kreis gehen (zwei Schritte pro Takt), mit dem 16. Schritt drehen sich alle zur Mitte und bleiben stehen.
Schneebänder schwenken:
Alle stehen zur Kreismitte gewandt, wiegen sich und schwenken dabei die Arme acht Takte lang im Rhythmus der Musik nach innen und nach außen. Dabei flattern die Seidenbänder (= Schneeflocken) hin und her.

Grundschritt B

Es folgen wieder 15 langsame Schritte im Kreis, dieses Mal jedoch nach links. Mit dem 16. Schritt wenden sich alle zur Mitte und bleiben stehen.
Schneebänder schwenken:
Acht Takte lang wiegen und die Arme nach innen und außen schwenken.

Tanzschritte bis ans Ende der Musik von Beginn an wiederholen.

Auf den Tanzspuren der Indianer

Vorbereitende Aktivitäten

Als Indianer heißt du ...

„So wie jeder von uns einen Namen hat, hat auch jeder Indianer und jede Indianerin einen eigenen, ganz typischen Namen. Der Name eines Indianers weist auf eine besondere Fähigkeit oder Eigenschaft hin, wie z.B. „Starker Bär" oder „Flinkes Wiesel".
Wir wollen nun für jeden von uns einen passenden Indianernamen suchen!"

Die Kinder denken sich verschiedene Namen füreinander aus.

Jedes Kind bekommt einen eigenen charakteristischen Indianernamen verliehen, z.B.:

- „Fliegender Pfeil": für ein schnelles, flinkes Kind
- „Kluge Eule": für ein gescheites Kind
- „Kleine Wolke": für ein stilles, zurückgezogenes Kind
- „Strahlender Stern": für ein fröhliches Kind
- „Großer Büffel": für ein kräftiges, starkes Kind

Zum Abschluss verleihen die Kinder der Spielleitung einen passenden Namen.
In den nächsten Tagen sprechen sich alle immer wieder mit den neuen indianischen Namen an.

Tipi bauen

Material: 3 – 6 dicke Bambusstäbe oder Holzstöcke (z.B. Besenstiele), feste Schnur, Decken oder große Stofftücher

Die Bambusstäbe zu einer Pyramide zusammenstellen und mit der Schnur oben fest zusammenbinden. Das ist das Grundgerüst des Tipis.
Ein paar Decken oder große Stofftücher darüber legen und ebenfalls oben festbinden.

Indianerhemd

Material: fester Stoff (z.B. altes gefärbtes Leintuch oder Jutte), Stickgarn in verschiedenen Farben, Nähnadel, bunte Filzreste, Klebstoff, Zacken- oder Stoffschere, Kordel oder Gürtel

Vorbereitung: Für ein Indianerhemd einen Stoffteil von ca. 50 cm Breite und 150 cm Länge zuschneiden.

Mit einer guten Zacken- oder Stoffschere in die Mitte des Stoffes einen Ausschnitt für den Kopf einschneiden.

An den Breitseiten mehrere Fransen einschneiden.

Die Kinder verzieren ihr Indianerhemd mit bunten Stickereien oder bekleben es mit Filzresten in verschiedenen Farben.

Mit einer Kordel oder einem Gürtel das fertige Indianerhemd um die Hüfte binden.

Kronkorkenrassel

Material: 8 – 10 Kronkorken, fester Draht (ca. 30 cm lang), Hammer, Ahle, evtl. 1 Holzbrett als Unterlage, Wollreste

Die Kronkorken einzeln auf das Holzbrett legen. Mit Hammer und Ahle in der Mitte lochen. Kronkorken auf den Draht auffädeln.

Die Enden des Drahtes fest zusammendrehen und dick mit Wolle umwickeln. So entsteht ein guter Haltegriff.

Anfang und Ende des Wollfadens verknoten. Fertig ist die Rassel!

Federkette

Material: verschiedene Federn, Holzperlen, Korkscheiben, dicke Nähnadel, feste Schnur, Lederband

Die Korkscheiben in der Mitte mit der Nadel durchbohren und abwechselnd mit den Holzperlen auf ein Lederband auffädeln.

Dazwischen immer wieder einzelne Federn mit einer festen Schnur am Lederband befestigen. Die Enden des Lederbandes verknoten.

50 cm
Breite

150 cm Länge

seitlich Fransen ausschneiden

mit bunten Filzresten bekleben

Tanzeinheit

Wir reisen ins Indianerland

Material: Decken, Holzklötze, kleine Schalen mit Sand, Holzstäbchen, Seidenpapier in Rot-Orange-Tönen, 1 Indianerhemd pro Kind (s. S. 51)

In der Mitte des Turnsaals aus Holzklötzen, Sandschalen, Stäbchen und Seidenpapier ein Lagerfeuer aufbauen (s. Abb. S. 53).
Rundherum Decken im Kreis auflegen.
Die Spielleitung verkündet den Kindern, dass sie gemeinsam mit ihnen nach Amerika reisen möchte, um einen Indianerstamm zu besuchen.
Die Kinder ziehen für diese Reise ihre selbst gebastelten Indianerhemden an.
Paarweise steigen sie in ein imaginäres Flugzeug (stellen sich in Zweierreihe hintereinander auf).
Die Spielleitung (PilotIn) begrüßt die Passagiere.
Nachdem sie den Reisenden die Sicherheitsvorschriften erklärt hat und sich alle angeschnallt haben, „fliegt" die Spielgruppe mit lautem Motorengeräusch durch den Turnsaal.
Anschließend nehmen die Kinder auf den Decken rund um das Lagerfeuer Platz.
Die Spielleitung verlässt kurz den Raum, um die Häuptlingsfrau bzw. den Häuptling zu holen.

Begrüßungsritual

Material: Lagerfeuer (s. o.), Schminkstifte, Indianergewand für die Spielleitung, 1 Federkette pro Kind (s. S. 51)
Vorbereitung: Während die Kinder am Lagerfeuer warten, verkleidet und schminkt sich die Spielleitung im Nebenraum und verteilt alle Federketten über ihre Arme, um sie gleich den Kindern zu überreichen.

Die Spielleitung betritt als Indianerhäuptling (-sfrau) den Raum und begrüßt die Kinder:

„WA HO KA YA TA E KO TA HOW!
(Seid gegrüßt im Indianerland!)"
Sie kniet sich vor das erste Kind im Kreis, begrüßt es mit einer Verbeugung und überreicht ihm als Gastgeschenk eine Federkette.
Dabei nennt die Spielleitung das Kind bei seinem indianischen Namen.
Dieses Begrüßungsritual wiederholt sie mit jedem Kind im Kreis.

Tanz ums Lagerfeuer

MUSIK: ◉ Nr. 6

Material: Lagerfeuer (s. o.), CD-Spieler, CD

Die Kinder stellen sich im Kreis um das Lagerfeuer und reichen sich die Hände.
Die Spielleitung lädt zu einem gemeinsamen Begrüßungstanz ein.
Zur Einführung zeigt sie den Kindern verschiedene Indianertanzschritte:
● mit leicht gebeugten Knien und vorgeneigtem Oberkörper abwechselnd mit dem rechten und linken Fuß fest auf den Boden aufstampfen

- von einem Bein aufs andere hüpfen und dabei mit dem Oberkörper nach vorn wippen
- abwechselnd die rechte und linke Ferse nach vorn aufsetzen
- Hand in Hand mit Schleichschritten ums Lagerfeuer gehen
- mit lauten Stampfschritten zur Mitte und wieder zurück tanzen
- sich um die eigene Achse drehen und dabei lautes Indianergeheul ertönen lassen
- mit kleinen schnellen Hüpfschritten im Kreis ums Lagerfeuer tanzen

Die Spielleitung stellt die Musik an.

Die Kinder fassen sich an den Händen und tanzen um das Lagerfeuer.

Zu Beginn gibt die Spielleitung die Schritte vor, im Laufe des Musikstückes löst sich die Kreisform auf und alle Indianer tanzen frei durch den Raum.

Ich male dir ein Indianergesicht

MUSIK: ◉ Nr. 17

Material: 4 Indianertipi (s. S. 50), 1 Decke pro Kinderpaar, Schminkstifte in verschiedenen Farben, CD-Spieler, CD

Vorbereitung: In jede Ecke des Turnsaals ein Indianertipi stellen. Vor jedem Tipi ein paar Decken ausbreiten und Schminkstifte bereitlegen.

Die Kinder finden sich zu zweit zusammen.
„Wenn Indianer auf Jagd gehen oder ein Fest feiern, bemalen sie sich ihre Gesichter, manchmal auch ihre Hände. Ihr dürft euch jetzt gegenseitig ein buntes Indianergesicht malen."
Die Kinder nehmen paarweise auf den Decken Platz und vereinbaren, wer zuerst bemalt wird. Das „Schminkkind" legt sich gemütlich auf den Rücken und bestimmt, ob es das Gesicht oder die Arme bemalt haben möchte.
Sein Partnerkind wählt sich einen Schminkstift und setzt sich daneben.
Nun wird die Musik angestellt und die Indianerbemalung beginnt.
Vorsichtig werden Stirn und Wangen bzw. Handrücken und Unterarme der liegenden Kinder bemalt. Anschließend wechseln die Rollen.

Wilder Rasseltanz

Material: 1 Rassel pro Kind (s. S. 51)

Die Kinder stellen sich in einen großen Kreis in die Turnsaalmitte.
Die Spielleitung teilt die Rasseln aus.
„Bevor wir gemeinsam auf Büffeljagd gehen, wollen wir uns gegenseitig Mut machen. Jeder zeigt seine Indianerbemalung her.“
Die Kinder stehen im Kreis und stampfen abwechselnd mit dem rechten und linken Fuß fest auf den Boden. Dazu rasseln sie laut. So schwingt sich die Gruppe auf einen gemeinsamen Rhythmus ein.
Dann tanzt abwechselnd eines der Kinder in die Kreismitte.
Der Vortänzer (die Vortänzerin) lässt sich verschiedene Bewegungen einfallen und kann wild und ausgelassen sein.
Er (sie) wird durch das Stampfen und Rasseln der anderen Kinder, aber auch durch Zurufe aus dem Kreis kräftig angefeuert. Jedes Kind entscheidet selber, wie lange es in der Mitte tanzen möchte.
Wenn alle Kinder an der Reihe waren, wird das Stampfen und Rasseln leiser und klingt langsam aus.
Zum Schluss stehen alle ruhig im Kreis.

Die Trommel ruft zur Büffeljagd

MUSIK: ◉ Nr. 6

Material: 4 Indianertipi (s. S. 50), 1 Trommel, CD-Spieler, CD
Vorbereitung: In jeder Ecke des Turnsaals steht ein Indianertipi.

„Nun wird es Zeit für die Büffeljagd! Indianer gehören zu den besten Jägern der Welt. Sie laufen so schnell wie ein Pfeil. Sie schleichen so lei-
se wie ein Reh. Sie verstecken sich flink wie ein Wiesel und sie kämpfen mit Bärenkräften.“
Die Kinder laufen, tanzen oder schleichen zur Musik durch den Turnsaal, wie sie gerne möchten.
Immer, wenn die Musik stoppt und der Warnruf der Indianertrommel ertönt, müssen alle JägerInnen lautlos und schnell in den Tipis verschwinden.

Variante

Die Spielleitung vereinbart mit den Kindern verschiedene Warnwörter:

- „Schlangennest“: alle bleiben völlig bewegungslos stehen
- „Büffelherde“: alle retten sich rasch auf ein Turngerät
- „Adlerangriff“: alle legen sich bäuchlings flach auf den Boden
- „Feindlicher Indianerstamm“: alle verschwinden rasch in den Tipis

Sobald die Musik stoppt, ruft die Spielleitung den Kindern eines der Warnwörter zu. Die Kinder reagieren entsprechend.

DIE ERDE

Indianertanz der vier Elemente

Die Kinder stellen sich in einen Kreis in die Turnsaalmitte.

Sie halten ihre Körper aufrecht, grätschen die Beine leicht und beugen die Knie etwas.

Die Spielleitung erzählt den Kindern von den vier Elementen und zeigt die entsprechenden Gesten und Tanzbewegungen dazu.

Dann machen die Kinder mit. Text („Die Erde, das Wasser, ...") und Tanzschritte werden mehrmals hintereinander wiederholt.

Besonders schön ist es, wenn die Lautstärke beim Sprechen variiert.

Teil A

- **Die Erde:** Beide Arme mit aufgestellten Handflächen vor den Körper halten und sanft Richtung Boden drücken, die Knie wippen locker mit.
- **Das Wasser:** Beide Arme vor dem Körper wellenförmig hin und her bewegen.
- **Das Feuer:** Beide Arme nach oben führen, dabei kreuzen sich die Hände in der Körpermitte und die Finger zappeln als lodernde Flammen.
- **Die Luft:** Beide Arme seitlich in einem großen Bogen wieder senken.
- **„Und wir, und wir, und wir, und wir":** Arme langsam vor dem Körper überkreuzen und auf die Brust legen.

Text und Bewegungen von Teil A wiederholen.

Teil B (evtl. im Sprechgesang)

- **„A He, A He, A He, A He":** Mit 4 Stampfsprüngen in die Kreismitte hüpfen, dabei den Oberkörper vorgeneigt halten und sehr laut singen.
- **„A Ho, A Ho, A Ho, A Ho":** Aufrecht mit 4 Schleichschritten zurück auf die Kreislinie gehen, dabei leiser singen und mit den Armen Abwehrbewegungen vor dem Körper machen.

Text und Bewegungen von Teil B ebenfalls wiederholen.

DAS WASSER

DAS FEUER

DIE LUFT

Breite deine Adlerschwingen aus

(Fantasiereise)

Vorbereitung: Für die Adlerreise zieht die Spielleitung ihr Indianergewand aus und legt so ihre Häuptlingsrolle ab.

Die Kinder stellen sich in der Turnsaalmitte in einen Kreis.

Die Spielleitung erzählt die Fantasiereise:

„Jeder von euch wird nun mit dem großen Adler, dem König der Vögel, nach Hause fliegen. Er wird euch gut und sicher heimbringen.

Stelle dich dazu bitte auf die flachen Füße. Deine Beine sind leicht gegrätscht, deine Knie etwas gebeugt. Mit den Füßen spürst du den Boden unter dir. Du stehst aufrecht, aber locker.

Schließe nun einfach deine Augen.

Mit den Armen kannst du die Schwingen des Adlers nachmachen. Breite deine Arme dazu seitlich aus und lass sie langsam auf- und abgleiten.

Schon fliegst du los! Sachte steigst du empor und fliegst hoch und immer höher, bis zu den Wolken hinauf.

Der Wind trägt dich sicher und sanft. Du brauchst jetzt nicht mehr mit deinen Flügeln zu schlagen. Halte sie einfach ausgebreitet und wiege dich sanft hin und her. Unter dir siehst du das große weite Meer. Du fühlst dich frei und stark. Immer kleiner wird das Land der Indianer hinter dir. Immer weiter geht die Reise durch die Luft. Und schon taucht ein neuer Kontinent vor dir auf.

Du fliegst mit dem Wind um die Welt.

Langsam lässt du dich tiefer sinken. Und noch ein kleines Stück tiefer.

Schon siehst du ein paar Häuser unter dir. Und in der Ferne erkennst du den Kindergarten (die Schule). Jetzt bist du bald zu Hause.

Noch ein paar Flügelschläge, dann setzt du vorsichtig und sanft zur Landung an.

Willkommen, du bist wieder zurück!

Nun recke und strecke dich ein wenig, schüttle deinen Körper aus und öffne langsam deine Augen."

Faschingstänze

Tanzeinheit

Begrüßungstanz

MUSIK: ⊙ Nr. 9

Material: Papierschlangen, Faschingsgirlanden, CD-Spieler, CD
Vorbereitung: Den Turnsaal mit Papierschlangen und Faschingsgirlanden schmücken.

Die Spielleitung stellt die Musik an.
Die Kinder bewegen sich zur Musik durch den Turnsaal.
Immer, wenn ein Kind bei seinem Tanz einem anderen Kind begegnet, begrüßen sich die beiden mit einem Händeklatsch. Dabei klatschen sich die Kinder einfach mit über dem Kopf ausgestreckten Armen gegenseitig die Hände ab.
Danach tanzt jedes Kind alleine weiter, bis es erneut auf einen Partner, eine Partnerin trifft.
Am Ende des Musikstückes sollen sich alle Kinder einmal begegnet sein und einander begrüßt haben.

Klatschreigen

MUSIK: ⊙ Nr. 11

Material: CD-Spieler, CD

Die Kinder stellen sich in einen Kreis in die Turnsaalmitte und reichen sich die Hände.
„Unser Turnsaal ist heute festlich geschmückt. Es ist Faschingszeit. Stellt euch vor, wir spielen lauter Zirkusclowns. Wir machen Schabernack und tanzen für das Publikum.
Bei ihrem Tanz lassen sich die Zirkusclowns lustige Klatscharten einfallen.

Sie klatschen sich auf den Bauch oder auf den Po. Sie klatschen sich auf den Kopf oder sie klatschen dem Nachbarn auf den Rücken. Manchmal verfehlen sie ihre eigenen Hände und klatschen wild durch die Luft. Ich zeige es euch und ihr macht einfach mit.“

Die Tanzschritte beginnen nach vier Takten Vorspiel.

Teil A
15 flotte Schritte mit Handfassung nach rechts im Kreis gehen.
Dann stehen bleiben und die Nachbarhände loslassen.

Teil B

Die Spielleitung zeigt eine Klatschversion vor, die Kinder machen mit (insgesamt sind es 15 Klatschschläge).

Anschließend die Handfassung wieder einnehmen.

Der Tanz beginnt mit Teil A von vorne.

Am Ende des Musikstückes wird Teil B nochmals wiederholt.

Klatschvarianten

- auf die eigenen Oberschenkel patschen
- auf den Boden trommeln
- seitlich in die Nachbarhände klatschen
- Hände über dem Kopf zusammenklatschen
- abwechselnd einmal auf die Oberschenkel und in die Hände klatschen
- eine Vierteldrehung nach rechts machen und auf den Nachbarrücken klatschen
- in doppelter Geschwindigkeit in die Hände klatschen

Variante

Die Spielleitung ruft am Ende von Teil A den Namen eines Kindes, dieses bestimmt für die Gruppe die folgende Klatschversion.

Ruft die Spielleitung jedoch am Ende von Teil A: *„Klatschreigen!"*, bestimmt jedes Kind selber, wie es klatschen möchte.

Prinzessin Federleicht und König Kugelbauch

Material: 1 große Pauke/Trommel, 1 Flöte

Die Spielleitung lädt die Kinder zu einem Besuch bei Prinzessin Federleicht und König Kugelbauch ein.
Zuerst schlüpfen die Kinder pantomimisch in die Verkleidung von König Kugelbauch.
Zu den lauten, dröhnenden Paukenschlägen der Spielleitung bewegen sie sich schwerfällig und behäbig durch den Turnsaal. Sie stellen den dicken König tänzerisch dar und probieren aus, welche Bewegungen zu ihm passen.

Wechselt die Spielleitung jedoch die Musikqualität und spielt eine helle Flötenmelodie, dann verändern die Kinder ihre Rolle. Sie spielen nun die Prinzessin Federleicht und tanzen oder hüpfen leichtfüßig durch den Raum.
Beide Musikqualitäten wechseln mehrmals ab.

Variante

Die Kinder entscheiden sich für eine Rolle. Zu den Paukenschlägen tanzen die Könige. Sobald die Flötenmelodie erklingt, erstarren sie bewegungslos und die Prinzessinnen beginnen ihren Tanz.
Könige und Prinzessinnen umtanzen einander dabei spielerisch.

Faschingskrapfen mit Zuckerguss

MUSIK:  Nr. 12

Material: 1 Stuhl pro Kind, CD-Spieler, CD

Die Kinder stellen einen großen Stuhlkreis im Turnsaal auf und nehmen auf den Stühlen Platz.
„Zu einem richtigen Faschingsfest gehören Krapfen. Und diese wollen wir jetzt gemeinsam backen.
Stellt euch vor, auf eurem Schoß steht eine große Schüssel mit Mehl und Zucker! Zur Musik beginnt unsere Arbeit! Ich zeige euch die Bewegungen und erkläre dazu immer, was ich gerade mache. Und ihr macht einfach meine Arbeitsbewegungen mit.“

Die Bewegungen des Sitztanzes beginnen nach vier Takten Vorspiel.

Teil A
8 x im Rhythmus der Musik pantomimisch ein Ei aufschlagen und die Schale über die Schulter nach hinten werfen (je Takt einmal)

Teil A (Wiederholung der Musik)
8 x umrühren, dabei hält eine Hand die imaginäre Schüssel, die zweite den Kochlöffel.
Der Oberkörper geht mit der Kreisbewegung mit.

Teil B
Den Teig mit den Händen auf den eigenen Oberschenkeln fest durchkneten.
Der Teig muss nun ruhen, deshalb werden zur Musik von Teil A wieder die Eier aufgeschlagen.
Dieses Mal kommt das musikalische Thema von Teil A dreimal hintereinander:

Teil A
8 x Eier aufschlagen und Schale wegwerfen (s. o.)

Teil A (1. Wiederholung der Musik)
8 x umrühren (s. o.)

Teil A (2. Wiederholung der Musik)
8 x den Finger in die Schüssel tauchen und pantomimisch kosten

Teil B
Den Teig fest durchkneten (s. o.)

Diese Bewegungsabfolge kommt noch einmal in derselben Reihenfolge AAA B:
- 1. Eier aufschlagen
- 2. Umrühren
- 3. Kosten
- 4. Teig kneten

Jetzt folgt der Schluss. Die Krapfen werden fertig gemacht.

Teil A (Abschlussmusik)
8 x mit beiden Händen einen Krapfen formen und in den Öltopf fallen lassen.

Aufbau der Musik: AA B AAA B AAA B A

Bunter Kostümball

MUSIK: ⊙ Nr. 1, 9 oder Discomusik

Material: verschiedene Verkleidungsutensilien (z.B. Tücher in diversen Farben, Faschingshüte, Sonnenbrillen, Perücken, Fächer, Handtaschen, usw.), CD-Spieler, CD; evtl. Deckenfluter oder 2 Stehlampen mit bunten Glühbirnen

Vorbereitung: Die Verkleidungsutensilien im Turnsaal bereitstellen.

Die Spielleitung zeigt den Kindern die verschiedenen Verkleidungsutensilien und lädt sie ein, sich ein passendes Kostüm auszusuchen.
Die Kinder verkleiden sich und denken sich zu ihrer Verkleidung einen lustigen Namen aus.
Dann beginnt die Vorstellungsrunde.
Der Reihe nach tritt ein Gast nach dem anderen vor, verbeugt sich und nennt seinen Namen.

Dabei wird er von allen anderen kräftig bejubelt und beklatscht.
Wenn sich alle Gäste vorgestellt haben, eröffnet die Spielleitung den Kostümball bzw. die Faschingsdisco.
Zur Musik tanzen die Gäste alleine, zu zweit oder in Gruppen durch den Turnsaal.
Am Ende des Kostümballs legt jedes Kind seine Verkleidung wieder ab.

Tipp
Die Tanzatmosphäre ist stimmungsvoller, wenn der Raum verdunkelt ist und ein Deckenfluter oder zwei Stehlampen mit bunten Glühbirnen schummriges Tanzlicht verbreiten.

Sanfte Streicheldusche

MUSIK: ⊙ Nr. 17

Material: 1 großes Tablett mit Krapfen, 1 Tuch, CD-Spieler, CD
Vorbereitung: Ein Tablett mit Faschingskrapfen unter einem Tuch verhüllt bereitstellen.

Die Kinder stellen sich im Abstand von 1 m in zwei gegenüber liegenden Reihen auf, so dass dazwischen eine kleine Gasse frei bleibt.
Die Spielleitung schaltet die Musik ein.
Ein Kind nach dem anderen geht durch die Gasse.
Dabei wird es von den Händen der anderen liebevoll gestreichelt, massiert, gekrault und abgestreift.

Wenn alle Kinder an der Reihe waren, erinnert die Spielleitung an die Krapfen, die gewiss schon fertig gebacken sind.
Geheimnisvoll holt sie das Tablett mit den duftenden Faschingskrapfen unter dem Tuch hervor.

Winterausklang und Frühlingsgeläut

Vorbereitende Aktivität

Wilde Masken

Material: 1 runder weißer Pappteller pro
Kind, Schere, Fingerfarben, Wollreste, Krepppapier, Pfeifenputzer, Klebstoff, dicke Nähnadel, Gummiband

In jeden Pappteller zwei große Augenlöcher und
eine Öffnung für die Nase einschneiden. Das ist
die Grundform der Maske.

Die Kinder bemalen sie mit Fingerfarben und
dekorieren sie nach dem Trocknen mit Woll-
haaren, Pfeifenputzern, und Krepppapierbän-
dern.

Zuletzt mit der Nähnadel an jeder Seite ein Loch
stechen und das Gummiband befestigen.

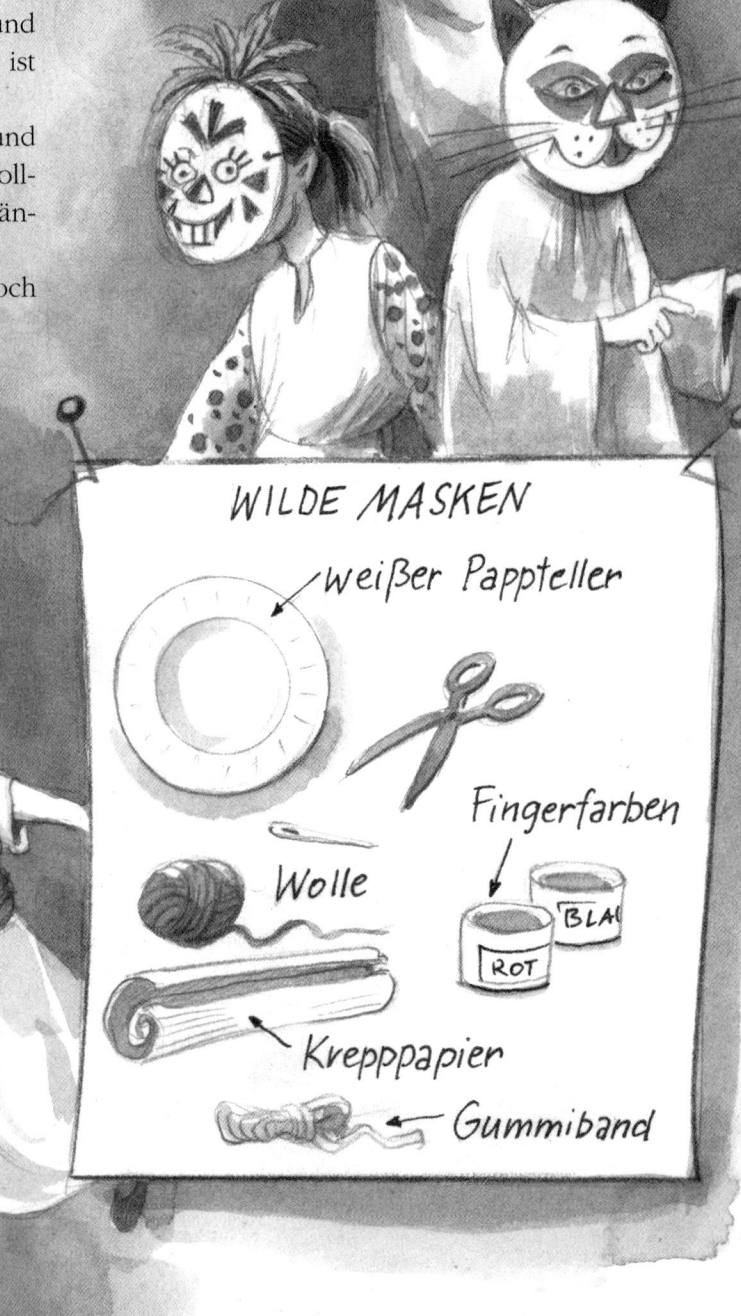

WILDE MASKEN

weißer Pappteller

Fingerfarben

BLAU

ROT

Wolle

Krepppapier

Gummiband

Tanzeinheit

Erde und Himmel vereinen
(Qi Gong-Übung)

Qi Gong-Übungen sind fernöstliche Bewegungs-meditationen mit wohltuender, heilsamer Wirkung (s. S. 68).

Material: 2 – 3 grüne Seidentücher, 1 goldener Sonnenspiegel (s. S. 10); Postkarten mit verschiedenen Frühlingsblumen (die Rückseite der Karten mit braunem Tonpapier bekleben), ein Frühlingsblumenstrauß oder -blumentopf, 1 weißes Seidentuch pro Kind

Vorbereitung

Die Spielleitung baut vor Beginn der Tanzeinheit eine Frühlingslandschaft in der Mitte des Turnsaals auf. Dazu breitet sie die grünen Seidentücher auf dem Boden aus und verteilt die Blumenkarten mit der braunen Tonpapierrückseite nach oben darauf.

Die goldene Sonne und den Blumenstrauß legt sie in die Mitte der Frühlingswiese und verhüllt alles mit weißen Tüchern, so dass vorerst nur eine „Schneelandschaft" sichtbar ist.

Diese gestaltete Mitte bleibt während der nachfolgenden Tanzspiele und Übungen am Boden liegen. Sie wird immer wieder miteinbezogen und begleitet das Tanzgeschehen.

Die Kinder stellen sich in einen Kreis um die gestaltete Mitte und achten darauf, dass sie genügend Platz zur Verfügung haben.

„Bevor wir heute zu tanzen beginnen, holen wir uns Kraft, Mut und Freude aus der Erde, damit wir gestärkt sind für den kommenden Tag!"

Die Kinder stellen sich bequem hin:

Die Beine sind leicht gegrätscht, die Knie etwas gebeugt, mit den Füßen spüren die Kinder den Boden unter sich.

Ihre Handflächen liegen entspannt auf den Oberschenkeln.

Die Spielleitung zeigt den Kindern die Bewegungsabfolge der Qi Gong-Übung vor.

Die Kinder machen gleich mit.

„Wir ziehen die Kraft aus der Erde!"
Beide Arme langsam seitlich bis in Schulterhöhe anheben, die Handflächen zeigen dabei zum Boden.
EINATMEN

„Wir drehen die Arme Richtung Himmel!"
Beide Arme drehen und die Handflächen wie zwei Schalen nach oben öffnen.
AUSATMEN

„Wir nehmen alle Schätze, die der Himmel uns gibt!"
Beide Arme über dem Kopf zusammenführen und der Bewegung mit dem Blick folgen.
EINATMEN

„Wir heben uns alles gut auf!"
Beide Arme vor dem Körper senken, die Hände auf den Bauch legen und nachspüren.
AUSATMEN

Die Bewegungsabfolge wird einige Male wiederholt.

In dieser Art und Weise lassen sich verschiedene „Schätze" aus der Erde ziehen (z.B. Mut, Glück, Stärke, Freude, usw.)

Tipp

Anfangs ist es für die Kinder leichter, wenn sie sich nur auf die Bewegungen konzentrieren brauchen. Deshalb ist es sinnvoll, die richtige Atmung erst später einzuführen.

Winter austreiben

(Kreistanz)

MUSIK: ⦿ Nr. 13

Material: 1 Maske pro Kind (s. S. 62),
CD-Spieler, CD

Die Kinder stellen sich im Kreis um die gestaltete Schneelandschaft.
Sie setzen ihre selbst gebastelten wilden Masken auf und reichen sich die Hände.
„Jetzt dauert es nicht mehr lange, bis der Frühling beginnt. Darum wollen wir gemeinsam den Winter, die Kälte und den Schnee vertreiben."

Die Tanzschritte beginnen nach acht Takten Vorspiel.

Teil A (Melodie)

15 Stampfschritte in gebückter Haltung nach rechts im Kreis gehen.
Anstelle des 16. Schrittes drehen sich alle in die Gegenrichtung.
Es folgen 15 Stampfschritte nach links im Kreis.
Anstelle des 16. Schrittes bleibt die Gruppe stehen.
Alle wenden sich in die Kreismitte und lösen die Handfassung.

Teil B (Schlagzeugmusik)

Die Spielleitung ruft laut einen Körperteil aus.
Die Kinder bekämpfen und vertreiben damit den Winter.
Ruft sie z. B.: *„Mit den Armen!"*, machen die Kinder zur Kreismitte gewandt wilde Abwehrbewegungen, Kampfgesten und Drohgebärden mit den Armen.

Am Ende von Teil B reichen sich alle erneut die Hände, es folgt wieder Teil A.
Aufbau der Musik: A B A B A B A B A.

Die Spielleitung nennt weitere Varianten, mit denen der Winter bekämpft werden kann:
- *„Mit den Beinen!"*
- *„Mit der Stimme!"*
- *„Mit den Ellenbogen!"*
- *„Mit dem ganzen Körper!"*
- *„Mit dem Po!"*

Tanz der wilden Kerle

MUSIK: ⊙ Nr. 6

Material: 1 Maske pro Kind (s. S. 62),
CD-Spieler, CD

Die Kinder tragen ihre selbst gebastelten, wilden Masken.
„Der Winter ist zwar schon eingeschüchtert, aber gewiss noch nicht vertrieben."
Mit diesen Worten ermuntert die Spielleitung die Kinder, im nächsten Tanz all ihre Kraft und Wildheit einzusetzen, um den Winter endgültig auszutreiben.
Dabei soll jedes Kind darauf achten, dass es keinem anderen weh tut und niemanden berührt.
Die Trommelmusik wird angestellt und die Kinder tanzen dazu frei durch den Turnsaal.
Sie können dabei Kampfgesten machen, mit den Füßen auf den Boden aufstampfen, Arme und Beine wild von sich schleudern und dabei ihre ganze Körperkraft einsetzen.
Wer sich traut, setzt auch seine Stimme ein.
Am Ende des Musikstückes legen die Kinder ihre Masken ab.

Tipp
Den Kindern sollte für diesen Tanz genügend Platz zur Verfügung stehen.

Kräfte messen

Die Spielleitung führt die Kinder paarweise zusammen und achtet darauf, dass die jeweiligen Partnerkinder etwa gleich groß und gleich stark sind.
Die PartnerInnen stellen sich gegenüber und legen ihre Handflächen aneinander.
Eines der Kinder spielt den Frühling, das zweite den Winter.
Auf ein Startzeichen hin versucht das Frühlingskind sein Gegenüber mit den Armen wegzudrücken und zurückzudrängen.
Das Winterkind hingegen bemüht sich, seine Stellung zu halten und sich nicht vertreiben zu lassen.
Anschließend wechseln die Rollen.

Nun folgt dieselbe Übung Rücken an Rücken. Wieder soll das Frühlingskind das Winterkind wegdrücken, dieses leistet Widerstand.
Rollentausch nicht vergessen!

Am Schluss der Übung streifen die Kinder ihren Körper aus und schütteln die Rollen ab.
Die Gruppe trifft sich zu einer kurzen Reflexion im Kreis.
Die Spielleitung ermuntert die Kinder mitzuteilen, wie es ihnen ergangen ist.

Frühlingsgefühle erwachen

MUSIK: ⊙ Nr. 17

Material: 1 großer Korb, Schneelandschaft (s. S. 63), CD-Spieler, CD

Die Kinder setzen sich in einen Kreis um die gestaltete Schneelandschaft.
Die Spielleitung schaltet die Musik ein.
„Jetzt wird es Zeit, die Schneetücher beiseite zu räumen! Wir haben den Winter erfolgreich vertrieben."
Ein Kind nach dem anderen räumt ein weißes Seidentuch in den bereitgestellten Korb.
Dabei nennt es eine Winteraktivität oder eine „Gabe" des Winters, die ihm Freude bereitet hat (z.B. Schneemann bauen, Schlitten fahren, Schlittschuh laufen, Schneeball werfen, Fasching feiern, Eiszapfen schmelzen)
Unter der Schneedecke kommen langsam die goldene Sonne, der Blumenstrauß oder -topf, die grüne Wiese (Tücher) und die braunen Tonpapierkarten zum Vorschein. Alle betrachten die neu entstandene Mitte. Die Musik wird ausgeblendet.
Die Frühlingslandschaft bleibt am Boden liegen.

Frühlingsblütentanz

MUSIK: ⊙ Nr. 14

Material: Schneelandschaft ohne weiße Tücher (s. S. 63), CD-Spieler, CD

Die Kinder legen sich bäuchlings in einen Kreis um die gestaltete Mitte.
„Stellt euch vor, ihr seid kleine Blumenzwiebel, die unter der Erde schlafen. Am Beginn der Musik liegt ihr ganz ruhig und still am Boden. Aber mit der Zeit werdet ihr wach. Die Frühlingsmusik weckt euch. Ihr beginnt euch zu räkeln und zu strecken. Ihr wachst der Sonne entgegen und entfaltet euch von der Knospe zu einer weiten offenen Blüte.
Und vor lauter Freude beginnt ihr euch im Wind zu wiegen und zu tanzen. Erst tanzt ihr im Kreis als gemeinsamer Blumenkranz.
Aber bald schon lösen sich ein paar Blüten aus dem Kreis heraus. Zum Schluss tanzen alle Blumen fröhlich durcheinander."

Die Spielleitung schaltet die Musik ein und setzt gemeinsam mit den Kindern die Blumengeschichte in Bewegungen um.

Leitvogel mit Vogel- schwarm

Material: 1 kleine Trommel

„Im Frühling erwachen nicht nur die Blumen, auch die Tiere werden wach und die Zugvögel kommen aus dem Süden zurück."
Die Kinder spielen in diesem Tanzspiel Zugvögel, die durch den Turnsaal fliegen, immer dorthin, wo gerade niemand ist.
Die Spielleitung bestimmt eines der Kinder zum Leitvogel und gibt ihm die kleine Trommel.
Schlägt der Leitvogel auf die Trommel, so fliegen ihm alle Kinder als Schwarm dicht hinterher.
Sobald er aufhört zu trommeln, zieht jedes Vogelkind wieder einsam seine Linien durch den Turnsaal.
Nach ein paar Spielrunden gibt der Leitvogel die Trommel an ein anderes Kind weiter.

Schneemann schmelzen

Material: Matten oder Decken

Die Kinder finden sich zu dritt zusammen.
Jede Kindergruppe bekommt von der Spielleitung eine Matte (Decke). Damit suchen sich die Kinder einen Platz im Turnsaal.
„Die Strahlen der Frühlingssonne haben nun schon so viel Kraft, dass auch die letzten Schneemänner schmelzen."
Eines der drei Kinder spielt den Schneemann, die anderen beiden die Frühlingssonne.
Am Beginn steht der Schneemann eisig und steif auf der Matte (Decke). Nun wird er von den Sonnenstrahlenhänden seiner FreundInnen sanft und zart gestreichelt. Dabei schmilzt er langsam, im eigenen Tempo, bis er zuletzt ganz entspannt am Boden liegt.
Die Kinder wechseln die Rollen, so dass jedes Kind einmal den Schneemann spielt.

Zartes Frühlingsgeläut

Die in dieser Übung verwendeten Qi Gong-Kugeln kommen aus China und wurden bereits vor Jahrhunderten als Massagekugeln für die Handflächen verwendet. Sobald man sie bewegt, ertönt ein silbernes, glockenartiges Klingen. Die Kugeln sind in Geschäften mit China- oder Meditationsartikeln erhältlich und kosten nicht viel.

Material: 1 klingende Qi Gong-Kugel, Schneelandschaft ohne weiße Tücher (s. S. 63)

Die Kinder setzen sich in einen Kreis um die Frühlingslandschaft in der Turnsaalmitte.
Die Spielleitung lässt eine klingende Qi Gong-Kugel im Kreis herumwandern.
Die Kinder lauschen beim Weiterreichen der Kugel auf den dabei entstehenden silbrigen Klang.
Mit diesem „zarten Geläute" sollen nun die Blumen aufgeweckt werden, die unter den braunen Erdkärtchen verborgen sind.

Die Kinder rollen sich die klingende Kugel gegenseitig im Kreis zu, so dass diese auf ihrem Weg durch die Mitte die braunen Erdkarten überrollt.
Jede Karte, die überrollt wurde, darf umgedreht werden.
Die Frühlingsblumen auf der Rückseite der Karten erblühen nach und nach im Kreis.

Warme Sonnenhände

Die Kinder sitzen im Kreis auf dem Boden und schließen die Augen.
Die Spielleitung spielt die wärmende Sonne und weckt die Kinder der Reihe nach auf.
Dazu reibt sie sich ihre Hände warm und legt sie den Kindern reihum auf den Rücken.
Wer von der Sonne aufgeweckt wurde, steht leise auf und setzt sich an den Turnsaalrand.

Das Leben der Erde erwacht

Tanzeinheit

Erdberührungen

Material: 1 große Schale voll Blumenerde, 1 Seidentuch

Vorbereitung: Das Seidentuch in die Mitte des Turnsaals legen und die Schale mit Blumenerde darauf stellen.

Die Kinder setzen sich in einen Kreis um die gestaltete Mitte.

Die Spielleitung nimmt die Erdschale aus der Mitte.

Ohne ein Wort zu sprechen, beginnt sie, die Erde zu betasten. Sie gräbt mit ihren Händen ein Loch in die Erde und deckt es wieder zu.

Sie lässt etwas Erde durch ihre Finger rieseln und riecht daran.

Anschließend reicht sie die Erdschale an das Kind neben sich weiter. Dieses betastet und befühlt die Erde ebenso.

Ganz langsam wandert die Schale im Kreis herum.

Bodenkontakt

Material: 1 Trommel

„Den meisten Kontakt zur Erde haben wir mit unseren Füßen. Und diesen Bodenkontakt wollen wir jetzt ganz bewusst erleben."

Die Kinder stellen sich bequem hin und lenken ihre Aufmerksamkeit auf die eigenen Füße.

Immer, wenn die Trommel erklingt (A), dürfen sie im Rhythmus der Trommelschläge kreuz und quer durch den Turnsaal gehen.

Verstummt die Trommel (B), erhalten sie verschiedene Aufgabenstellungen und sollen entsprechend reagieren.

A: Die Spielleitung schlägt die Trommel, die Kinder gehen kreuz und quer durch den Raum.

B: Nach einer Weile lässt die Spielleitung die Trommelschläge verstummen:

„Stellt euch vor, unser Turnsaalboden verwandelt sich plötzlich in heißen Sand.
Hüpft nun vorsichtig von einem Fuß auf den anderen und passt auf, dass ihr euch die Fußsohlen nicht verbrennt."

A: Die Spielleitung schlägt die Trommel. Die Kinder gehen durch den Raum.

B: Die Trommel verstummt:

„Stellt euch vor, unser Turnsaalboden verwandelt sich in eine weiche, warme, moosige Wiese. Geht nun leicht und beschwingt und rollt beim Gehen eure Füße ab. Es ist angenehm. Ihr spürt das Gras und das Moos unter euren Füßen.

A: Die Spielleitung schlägt die Trommel. Die Kinder gehen durch den Raum.

B: Die Trommel verstummt:

„Stellt euch vor, unser Turnsaalboden verwandelt sich in einen matschigen Sumpf. Ihr droht zu versinken und müsst eure Füße immer wie-

der aus dem Schlamm herausziehen. Es ist anstrengend und ihr plagt euch, um vorwärts zu kommen."

A: Die Spielleitung schlägt die Trommel. Die Kinder gehen durch den Raum.

B: Die Trommel verstummt:

„Stellt euch vor, ihr geht am Meeresstrand spazieren. Ihr watet durch das seichte kühle Wasser und wascht euch dabei den Schmutz und den Schlamm von den Füßen. Um im Wasser besser vorwärts zu kommen, müsst ihr eure Knie etwas anheben."

A: Die Spielleitung schlägt die Trommel. Die Kinder gehen durch den Raum.

B: Die Trommel verstummt:

„Stellt euch vor, ihr geht über kantige, spitze Steine. Sie sind holprig und wackelig. Passt auf, dass ihr euer Gleichgewicht nicht verliert. Vorsichtig balanciert ihr von Stein zu Stein."

Abschließend schütteln die Kinder ihren Körper aus.

Tanz der Regenwürmer

MUSIK: ⊙ Nr. 17

Material: mehrere Decken, weiche Kissen, CD-Spieler, CD
Vorbereitung: Decken und Kissen auf dem Turnsaalboden verteilen.

Die Spielleitung lädt die Kinder zu einem Besuch bei den Regenwürmern ein.
Gemeinsam überlegen die Kinder verschiedene Bewegungsmöglichkeiten für den Tanz der Regenwürmer:

- über den Boden rollen
- auf dem Bauch robben
- sich am Boden winden und schlängeln
- sich auf den Rücken legen und mit den Füßen anschieben
- unter den Decken durchkriechen
- über die Kissen rollen

Die Spielleitung stellt die Musik an.
Die Kinder schlüpfen in die Rolle der Regenwürmer und erproben verschiedene Möglichkeiten der Fortbewegung am Boden.
Decken und Kissen sind dabei Hindernisse, die es zu überwinden gilt.
In dem Regenwurmgetümmel kann es auch vorkommen, dass sich zwei Wege kreuzen. In diesem Fall rollt sich ein Regenwurm sehr achtsam und vorsichtig über den zweiten hinüber.

Erdmäuse und lauernde Katz

Material: mehrere Decken und Kissen, 1 Trommel
Vorbereitung: Decken und Kissen auf dem Turnsaalboden verteilen.

„Jetzt im Frühling kommen auch die Erdmäuschen wieder aus ihren Löchern heraus. Sie müssen jedoch vorsichtig sein und sich vor der Katze in Acht nehmen. Flink und leise verschwinden sie in ihrem Erdloch, sobald die Katze kommt."

Die Spielleitung trommelt.
Die Kinder spielen Erdmäuschen und trippeln und schleichen zu den Trommelklängen durch den Turnsaal.
Sobald die Trommel verstummt, verkriechen sich alle, so rasch als möglich, unter einer Decke oder einem Kissen.
Erst bei neuerlichem Einsatz der Trommel kommen die Erdmäuschen wieder hervor.

Variante

Ein Kind wird zur lauernden Katze bestimmt.
Verstummt die Trommel, versucht die Katze, eine Maus zu fangen.
Die Mäuse sind gerettet, sobald sie auf eine Decke oder auf ein Kissen hüpfen.

71

Ein Gartenbeet für deinen Rücken

Material: 1 Matte oder Decke pro Kinderpaar

Die Kinder finden sich paarweise zusammen. Jedes Kinderpaar bekommt von der Spielleitung eine Matte (Decke). Damit suchen sich die Kinder einen Platz im Turnsaal.
Die Kinder vereinbaren die Rollen.
Ein Kind spielt das Gartenbeet, das bepflanzt wird. Es legt sich bäuchlings auf die Matte (Decke) und macht es sich gemütlich. Sein Partnerkind ist der Gärtner bzw. die Gärtnerin.
Die Spielleitung erzählt nun eine „Pflanzgeschichte" und die GärtnerInnen führen die entsprechenden Massagebewegungen auf dem Rücken der liegenden Kinder aus.
Anschließend wechseln die Rollen.

„Wir lockern mit den Händen die Erde unseres Gartenbeetes auf."
(mit den Fingerspitzen beider Hände auf den Rücken tippen und die Finger ein wenig nach hinten wegziehen)
„Nun zupfen wir das Unkraut aus!"
(mit Daumen, Zeige- und Mittelfinger sanft am Rücken zupfen)
„Wir rechen unser Gartenbeet gerade."
(die Finger beider Hände spreizen und mehrmals von oben nach unten über den Rücken ziehen)
„Jetzt bohren wir für jede Pflanze ein Loch in die Erde."
(die rechte Faust an verschiedenen Stellen leicht in den Rücken drücken und dabei ein wenig drehen)
„Dann setzen wir unsere Pflanzen ein."
(mit den Daumen beider Hände rechts und links der Wirbelsäule entlang drücken)
„Wir füllen die Löcher wieder mit Erde und drücken die Pflanzen fest."
(mit den flachen Händen über den Rücken streichen und dabei ab und zu ein wenig niederdrücken)
„Zum Schluss gießen wir unser frisch bepflanztes Beet."
(mit den Fingern beider Hände auf den Rücken trommeln)

Mein Fantasiegärtchen

Material: 1 flache Plastikschale voll Blumenerde pro Kind, verschiedene Naturmaterialien (z.B. Blätter, blühende Zweige, Steine, Moos, Efeu, Zapfen, Baumrindenstücke, leere Schneckenhäuser, Gräser, usw.)

Vorbereitung: Am Vortag oder am frühen Morgen sammeln die Kinder bei einem Spaziergang durch den Garten oder nahe gelegenen Wald unterschiedliche Naturmaterialien.

Die Spielleitung legt die gesammelten Materialien in die Turnsaalmitte, die Kinder setzen sich in einen Kreis rundherum.

Jedes Kind bekommt eine flache Plastikschale voll Blumenerde.

Mit den Fingerspitzen als Rechen gestaltet es daraus einen Erdgarten oder eine Erdlandschaft. Wer mag, holt sich aus der Mitte ein paar schöne Naturmaterialien für seinen Garten.

Es entstehen vielleicht Steinwege, ein blühendes Beet oder ein Baumrindenberg. Der Fantasie der Kinder sind keine Grenzen gesetzt.

Zeit zum Wachsen
Zeit zur Wandlung

Vorbereitende Aktivität

Aufblühende Papierblumen

Material: weißes Notizpapier (10 x 10 cm), Wachsmalstifte, Schere, Glasschälchen mit Wasser

Das Papier auf einer Seite mit den Wachsmalstiften bunt bemalen und anschließend falten: Buch – Taschentuch – Tüte (s. Abb. 1 – 4) Die „Tüte" oben halbrund abschneiden (Abb. 5) und das Papier auseinanderfalten. Schon ist die Blume fertig.

Nun die einzelnen Blütenblätter nach innen falten, so dass die unbemalte weiße Seite außen ist (Abb. 6).
Diese Blumenknospe auf die Wasseroberfläche in das Glasschälchen legen und warten.
Es dauert eine Weile (solange, bis sich das Papier mit Wasser voll gesogen hat), dann öffnet die Blume wie von selbst ihre Blütenblätter.

PAPIERBLUME

Tanzeinheit

Duftende Morgendusche

Material: 1 Chiffontuch pro Kind, 1 Flieder-strauß, 1 Vase, duftendes Körperöl
Vorbereitung: Die Vase mit Flieder in die Turnsaalmitte stellen und rundherum die bunten Chiffontücher sternenförmig anordnen.

Die Kinder stellen sich paarweise um die gestaltete Mitte.
„Bevor wir heute zu tanzen beginnen, wollen wir uns mit einer Morgendusche erfrischen. Macht bitte aus, wer zuerst duscht. Wir tauschen nachher die Rollen."
Das „Duschkind" stellt sich vor sein Partnerkind und wendet ihm den Rücken zu. Dieses spielt Wasser und Seifenschaum und führt die entsprechenden Bewegungen zu der Massagegeschichte der Spielleitung aus.

„Am Anfang drehen wir den Wasserhahn nur ein wenig auf. Das Wasser tröpfelt ganz sacht aus der Dusche."
(mit den Fingerspitzen beider Hände sanft auf Kopf, Nacken, Rücken und Arme des Partnerkindes trommeln)

„Jetzt drehen wir den Wasserhahn stärker auf."
(mit den Handflächen Arme, Rücken, Po und Beine abklopfen)
„Wir verteilen den Seifenschaum auf den Körper."
(mit beiden Händen kreisende, massierende Bewegungen machen)
„Vorsichtig werden die Haare gewaschen."
(mit den Fingerkuppen sanft die Kopfhaut massieren)
„Zuletzt werden Haarshampoo und Seifenschaum gründlich abgespült."
(mit beiden Händen den Körper des Partnerkindes ausstreifen)

Nach dem Rollentausch kommt noch das Abtrocknen für alle:
„Beinahe hätten wir das Wichtigste vergessen! Ihr seid ja alle ganz nass! Schnell nehmt euch ein Handtuch (= Chiffontuch) aus der Mitte und reibt euch trocken."

Wenn die Kinder sich abgetrocknet haben, setzen sie sich mit ihrem Tuch auf den Boden.
Die Spielleitung geht von Kind zu Kind.
Jedes Kind, das gerne möchte, bekommt ein paar Tropfen duftendes Körperöl auf den Handrücken oder hinter die Ohren.

Mach mit, bleib stehen

MUSIK: ⊙ Nr. 4

Material: 1 Chiffontuch pro Kind und Spielleitung, CD-Spieler, CD

Die Spielleitung schaltet die Musik ein und
macht den Kindern eine Bewegung mit ihrem
Chiffontuch vor. Dazu ruft sie laut:
„Mach mit!"
Das ist für die Kinder die Aufforderung ihre Be-
wegung nachzuahmen und zwar so lange, bis
jemand aus der Gruppe *„Bleib stehen!"* ruft.
Der „Rufer" zeigt nun eine neue Bewegung mit
dem Tuch vor und ruft dazu wieder:
„Mach mit!"
Jetzt ahmen alle die neue Bewegung nach.
So geht es im Wechsel weiter.

Bewegungsmöglichkeiten mit dem Tuch:
- das Tuch in die Luft werfen und wieder
  fangen
- mit dem Tuch winken
- sich das Tuch als Schleier über den Kopf
  legen und damit durch den Raum gehen
- das Tuch als tanzende Schlange über den
  Boden ziehen
- das Tuch als Kopftuch verwenden und als
  Hexe durch den Raum schleichen
- mit dem Tuch den Boden aufwischen
- das Tuch an zwei Ecken fassen und kräftig
  ausschütteln
- das Tuch beim Laufen nachflattern lassen
- den Arm mit dem Tuch vor dem Körper
  kreisen lassen

Eine Schmetterlings-geschichte

MUSIK: ⊙ Nr. 8

Material: 2 Chiffontücher pro Kind,
CD-Spieler, CD

Die Spielleitung gibt jedem Kind ein zweites
Chiffontuch (bzw. zwei Chiffontücher, wenn es
noch keins hat).
Die Kinder verstecken die Tücher unter der
Turnkleidung.

*„Wir wollen jetzt mit den Tüchern gemeinsam
eine Geschichte spielen. Eine Geschichte, die von
einem Tier erzählt, dessen Flügel genauso zart
und leicht sind, wie unsere Chiffontücher. Ich
meine den Schmetterling! Aber zunächst beginnt die Geschichte ganz woanders!"*
Die Kinder suchen sich einen Platz im Raum
und machen es sich am Boden gemütlich.
Die Spielleitung erzählt die Geschichte. Die Kinder setzen das Gehörte in Bewegung um.

1. DAS EI

2. DIE RAUPE

„Es war einmal ein winzig kleines weißes Ei, das lag auf einem Blatt. Ganz still und reglos lag es da und rührte sich nicht. Rollt euch zusammen und macht euch klein, so klein, wie das winzige Ei. Ob ihr wohl auch so still daliegen könnt? Versucht es und seid ganz leise dabei."
(Die Spielleitung gibt den Kindern etwas Zeit zum Darstellen.)

„Aber dann, eines Tages, passierte es! Die Schale knackte und aus dem Ei schlüpfte eine kleine Raupe heraus, die hatte riesigen Hunger. Und so machte sie sich auf Nahrungssuche. Kriecht los, liebe Raupen, und fresst euch satt. Sucht euch leckeres Futter, damit ihr groß und dick und stark werdet.
Und die Raupe fraß und fraß und wuchs und wuchs."
(Die Spielleitung gibt den Kindern Zeit zum Darstellen.)

„Jetzt war die Raupe endlich satt. Sie suchte sich ein sicheres Plätzchen und webte sich einen warmen Mantel. Dann kuschelte sie sich in ihn hinein und ruhte sich ein wenig aus. Macht es wie die kleine Raupe. Sucht euch einen guten Schlafplatz und wickelt euch in eure Tücher ein. Und dann schlaft tief und fest, liebe Raupen."
(Die Spielleitung gibt den Kindern Zeit zum Darstellen.)

„Aber während die Raupe in ihrem Mantel schlief, geschah etwas Wunderbares. Sie verwandelte sich in einen Schmetterling mit prächtigen bunten Flügeln.
Nun breitet eure Tuchflügel aus und fliegt tanzend über die Wiese."
(Die Spielleitung schaltet die Musik ein. Die Kinder tanzen dazu mit ihren Tüchern als Schmetterlinge durch den Turnsaal.)

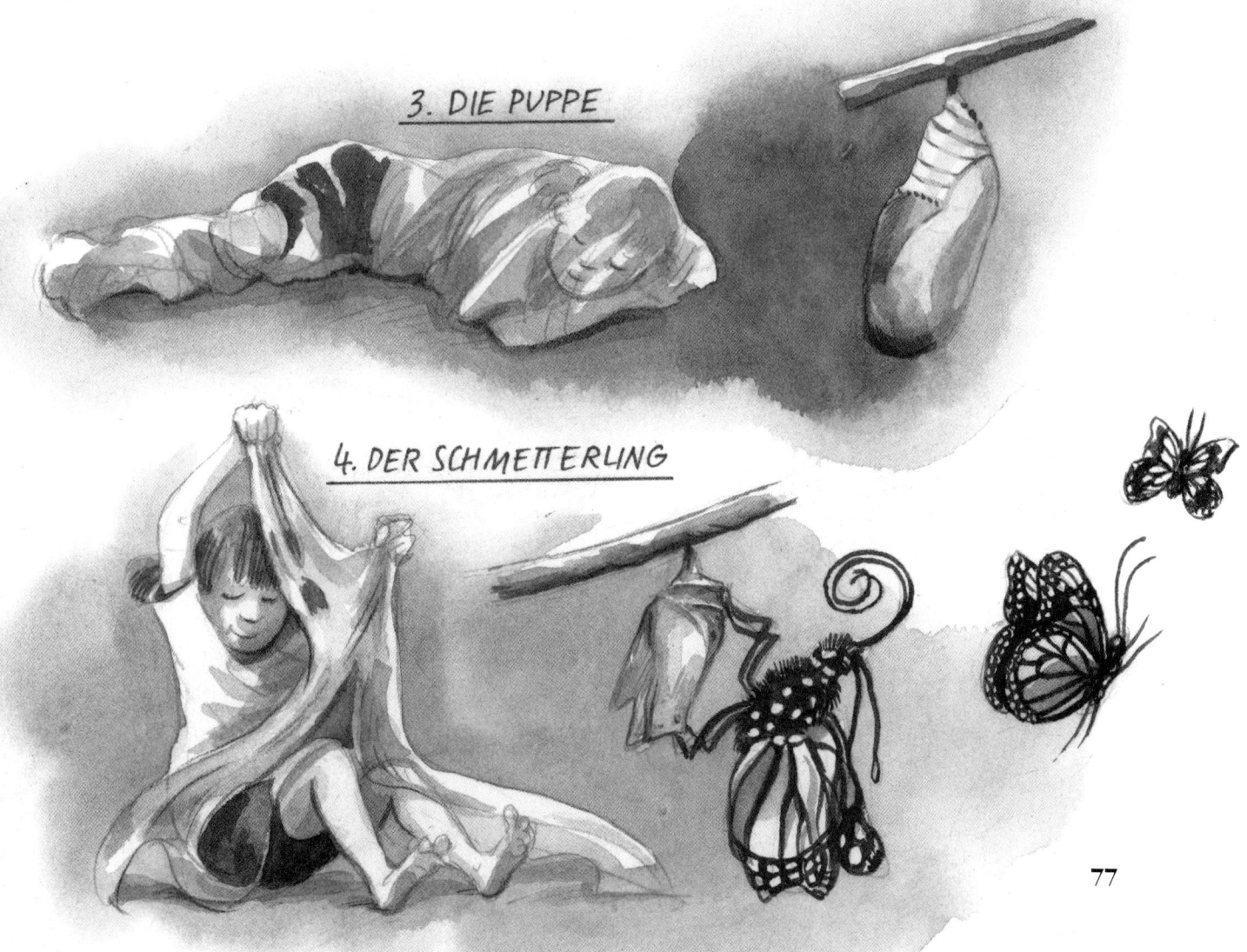

3. DIE PUPPE

4. DER SCHMETTERLING

Auf dem Wiesenball

MUSIK: ⊙ Nr. 8

Material: 2 Chiffontücher pro Kind, Diaprojektor, Leinwand oder weiße Wand, verschiedene Blumen- oder Naturdias, CD-Spieler, CD
Vorbereitung: Den Diaprojektor aufstellen und den Turnsaal verdunkeln.

Die Spielleitung lädt die Kinder dazu ein, den Wiesenball der Schmetterlinge mitzufeiern.
Sie schaltet den Diaprojektor ein und das erste Blumenbild wird auf der weißen Turnsaalwand (Leinwand) sichtbar.
Zu beschwingter Musik tanzen die Kinder mit ihren Tüchern durch den Raum.
Dabei huschen die „tanzenden Schmetterlinge" immer wieder durch das Blumenbild.
Der Schatten der Kinder wird auf dem Bild sichtbar und sie tauchen für einen kurzen Moment völlig in das Blütenmeer ein.
Die Spielleitung wechselt mehrmals das Dia.

Wie die Apfelblüten
(Kreistanz)

MUSIK: ⊙ Nr. 14

Material: CD-Spieler, CD
Vorbereitung: Die Kinder stellen sich in einen Kreis in die Turnsaalmitte.

„Nicht nur die Schmetterlinge, auch die Blumen wachsen und verwandeln sich. Aus der Blumenknospe wird eine Blüte. Und die Blüte öffnet sich und schließt sich wieder. So, wie die Apfelblüten bei dem Tanz, den ich euch jetzt zeige."

Vorspiel (8 Takte)
Jedes Kind spielt mit seinen Händen eine aufblühende Knospe:
- Zuerst sind die Fäuste geschlossen,
- dann öffnen sie sich langsam,
- die Hände gehen weit auf, nur die Handgelenke berühren sich noch,
- beide Arme strecken sich nach oben
- und wandern in einem weiten Bogen neben dem Körper wieder nach unten.
- Nun fassen sich die Kinder an den Händen.

Im anschließenden Tanz sind alle eine einzige große Blüte, die sich öffnet und schließt.

Nektarsuche

MUSIK: 🔘 Nr. 9

Material: 1 Papierblume pro Kind (s. S. 74), 1 Säckchen voll Sonnenblumensamen, Klebestreifen, CD-Spieler, CD
Vorbereitung: 2 – 3 Samenkerne mit dem Klebestreifen in der Mitte jeder Papierblume befestigen. Die Papierblumen in gleichmäßigen Abständen auf dem Boden verteilen.

Die Spielleitung schaltet die Musik ein.
Die Kinder tanzen und „fliegen" dazu als Schmetterlinge durch den Turnsaal.
Immer, wenn die Musik stoppt, sucht sich jeder Schmetterling eine Papierblume aus und stellt sich daneben.
Nach jedem Durchgang wird eine Blume entfernt.
Das Kind, das keine Blume mehr erwischt, setzt sich an den Turnsaalrand.
Es bekommt die Papierblume geschenkt, die die Spielleitung zuvor aus dem Spiel genommen hat.
Jedes Kind nimmt seine Sonnenblumensamen als Erinnerungsgeschenk mit nach Hause.

Teil 1: Die offene Blüte wiegt sich im Wind

Die Kinder wiegen sich acht Takte lang im Kreis und schwenken dabei ihre Arme abwechselnd zur Kreismitte und nach außen.

Teil 2: Die Blüte schließt sich und öffnet sich wieder

- Mit dem Einsatz des Sopransaxofons vier langsame Schritte in die Kreismitte gehen (2 Takte).
- Nun gehen alle in die Hocke und machen sich ganz klein (2 Takte).
- Alle richten sich auf und kommen wieder in den Stand hoch (2 Takte)
- Mit vier langsamen Schritten zurück auf die Kreislinie gehen (2 Takte).

Es folgt wieder Teil 1: Die offene Blüte wiegt sich im Wind.

Eine Urlaubsreise um die Welt

Vorbereitende Aktivitäten

Papierturban

Material: 1 großer Bogen Packpapier (75 x 100 cm), goldener Lackstift, Glasperlen, Klebstoff, bunte Federn, evtl. Stoffborten

Das Papier zu einem Turban falten, dafür
- das Packpapier zur Hälfte falten (s. Abb. 1)
- die Faltkante etwa 2 cm umbiegen und das Papier wenden (Abb. 2)
- das Papier noch einmal in der Hälfte falten und anschließend wieder öffnen (Abb. 3)
- beide Ecken zur Mitte falten (Abb. 4)

- den unteren Rand 2x umbiegen (Abb. 5)
- das Papier wenden (Abb. 6)
- auf der Rückseite ebenfalls den unteren Rand 2x umbiegen (Abb. 7)
- das Papier wieder wenden
- die rechte Ecke zur Mitte falten und unter die Lasche stecken (Abb. 8)
- links ebenso (Abb. 9)
- das Papier wenden (Abb. 10)
- die Spitze nach unten biegen und in den unteren Rand stecken (Abb. 11 + 12)

Der Turban ist fertig!

Die Kinder verzieren den fertigen Turban mit goldener Malerei und bekleben ihn mit Glasperlen, bunten Federn oder Stoffborten.

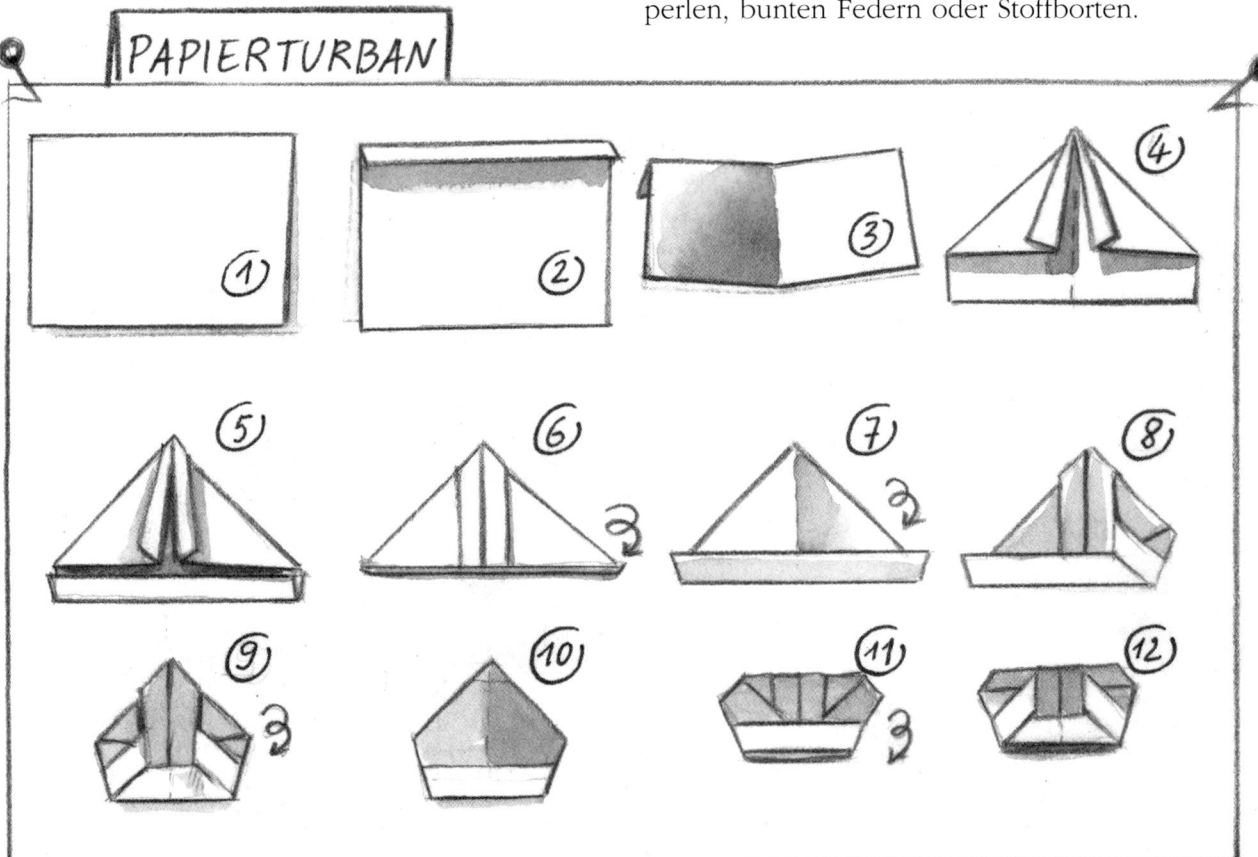

Orientalischer Schleierhut

Material: fester Karton, Zirkel, Bleistift, Schere, Kleber, Fingerfarbe, Tacker, feiner Gardinenstoff, Glasperlen, Stoffborten, Hutgummi

Hut

- aus dem Karton einen Kreis von etwa 18 cm Durchmesser ausschneiden
- den Rand des Kreises rundherum in gleichmäßigen Abständen ca. 2 cm tief einschneiden und hochbiegen
- einen langen Kartonstreifen mit einer Breite von ca. 7 cm ausschneiden und am hochgebogenen Kreisrand rundherum festkleben
- die Enden des Kartonstreifens ebenfalls verkleben.

Fertig ist die Grundform des Schleierhutes.

Die Kinder bemalen den Hut mit Fingerfarbe und bekleben ihn nach dem Trocknen mit Stoffborten und bunten Glasperlen.

Schleier

Aus dem Gardinenstoff einen Streifen von 15 cm Breite und 120 cm Länge schneiden.

Den Schleier mit dem Tacker rechts und links am Hut befestigen, so dass in der Mitte eine Schlaufe von etwa 60 cm entsteht.

Sie umrahmt das Gesicht des Kindes, während die Enden des Schleiers an beiden Seiten des Hutes lose herabhängen.

Damit der Schleierhut am Kopf hält, rechts und links ein kleines Loch stechen und ein Stück Hutgummi befestigen.

Tanzeinheit

Schüttelmassage im Orient Express

Material: 2 Stühle pro Kind, 1 Trillerpfeife, evtl. 1 Signalstab

Vorbereitung: Jedes Kind nimmt zwei Stühle in den Turnsaal mit. Daraus entsteht ein Zug (= eine lange Stuhlreihe; immer zwei Stühle stehen sich gegenüber)

Die Kinder finden sich paarweise zusammen und vereinbaren, wer den ersten Fahrgast spielt. Der „Fahrgast" wählt sich nun einen Sitzplatz im Zug und legt die Beine gemütlich auf den gegenüber stehenden Stuhl.

Sein Partnerkind stellt sich dahinter und legt die Hände auf die Schultern des sitzenden Fahrgastes. Es spielt die Schüttel-Eisenbahn.

Wenn alle Kinder bereit sind, beginnt die Reise. Die Spielleitung oder ein Kind spielt Schaffner und tritt mit der Trillerpfeife und dem Signalstab vor die Reisegruppe:

„Eurocity 531, Orient Express, fährt Bahnsteig 5 ab! Bitte einsteigen! Vorsicht, die Türen schließen automatisch!"

Der Schaffner hält den Signalstab hoch und pfeift.

Die Kinder hinter den Stühlen führen die nachfolgenden Schüttelbewegungen an den sitzenden Fahrgästen aus und ahmen die dazugehörigen Zuggeräusche nach.

Der Schaffner pfeift jedes Mal, wenn eine neue Bewegung kommt und ruft diese laut aus!

*1. „Es geht los. Die Reise beginnt. **Tsch, tsch, tsch, tsch,....!** "*
(die Schultern des Fahrgastes in entgegen gesetzter Richtung sanft vor- und zurückschieben – rechte Schulter vor, linke zurück –, je schneller das Fahrgeräusch gesprochen wird, desto schneller werden auch die Schulterbewegungen)
PFEIFTON!

*2. „Unser Zug fährt in einen Bahnhof ein. **Holterpolter, holterpolter, holterpolter...!** "*
(zuerst den rechten, dann den linken Arm des sitzenden Kindes kräftig ausschütteln)
PFEIFTON!

*3. „Unser Zug fährt durch ein langes Tunnel. **Tuuut, tuuut, tuuut,.....!** "*
(die Hände abwechselnd auf den rechten und linken Oberschenkel des sitzenden Kindes legen und das Bein sanft hin- und herwackeln)
PFEIFTON!

*4. „Wir kommen an. Der Zug fährt langsam in den Endbahnhof ein. **Tsch, tsch, tsch...!** "*
(die Schultern des Fahrgastes sanft vor- und zurückschieben, das Fahrgeräusch und die Bewegung dabei immer langsamer werden lassen, bis der Zug schließlich steht)

Die Kinder wechseln die Rollen!

Auf dem Basar

MUSIK: ⊙ Nr. 15

Material: CD-Spieler, CD, 1 Papierturban
(s. S. 80) für jeden Buben und 1 Schleierhut
(s. S. 81) für jedes Mädchen

Die Spielleitung begrüßt die Reisegruppe im
Orient und verteilt die orientalischen Kopfbe-
deckungen.
Dann zeigt sie den Kindern den orientalischen
Gruß:
Die Kinder legen beide Arme überkreuzt vor die
Brust. Sie senken alle den Kopf und verbeugen
sich mit den Worten: „SALEM ALAIKUM!"

*„Als erstes besuchen wir jetzt gemeinsam einen
orientalischen Basar. Das ist ein großer Ein-
kaufsmarkt. Da gibt es Teppiche, Kamele, kost-
bare Gewürze und bunte Stoffe. Es gibt Säbel
und Schwerter, aber auch Tänzerinnen und
Musik.*
*Doch heute liegt ein eigenartiger Zauber über
dem Basar. Immer, wenn die Musik stoppt, er-
starrt das bunte Treiben. Die Menschen verstei-
nern plötzlich alle und werden zu Statuen.*
*Sobald die Musik jedoch wieder spielt, beginnen
Tanz und Bewegung von Neuem."*

Zu orientalischer Musik tanzen die Kinder nach
Lust und Laune durch den Turnsaal und ver-
steinern beim Musikstopp.
Die Spielleitung geht immer wieder verwundert
von Statue zu Statue und staunt über die Bewe-
gungslosigkeit der Kinder.

Schlangenarmetanz

MUSIK: ⊙ Nr. 15

Material: 1 Matte oder Decke pro Kinderpaar,
CD-Spieler, CD

Die Matten (Decken) auf dem Turnsaalboden
verteilen. Die Kinder nehmen zu zweit darauf
Platz.
Die Spielleitung lädt die Kinder zu einem Besuch bei den Schlangenbeschwörern ein.
Die Arme der Kinder sind die Schlangen. Zu Beginn der Musik sind sie noch im Korb versteckt
(beide Hände zwischen den Oberschenkeln ver-
bergen).
Erst langsam kommen die Schlangen hervor und
beginnen zu tanzen und sich anmutig zu bewegen.

Gemeinsam sammeln die Kinder verschiedene Bewegungsideen:

- die Arme bewegen sich schlängelnd zur Seite und auf und ab
- die Schlangenarme kriechen am Boden entlang
- sie verstecken sich hinter dem Rücken und kommen wieder hervor
- ein Schlangenarm streichelt den anderen
- beide Schlangenarme winden und drehen sich umeinander
- eine Schlange tanzt, die zweite liegt gemütlich auf dem Schoß und ruht sich aus
- beide Schlangen streichen um den eigenen Körper herum
- die Schlangen nehmen Kontakt zu den Nachbarschlangen auf

Die Spielleitung schaltet die orientalische Musik ein und der Schlangentanz beginnt.
Am Ende des Musikstücks verkriechen sich die Schlangen wieder in ihrem „Korb".

Der fliegende Zauber-teppich
(eine Atemübung zu zweit)

MUSIK: ◉ Nr. 15

Material: 1 Matte oder Decke pro Kinderpaar, CD-Spieler, CD

Jeweils zwei Kinder sitzen Rücken an Rücken gelehnt auf einer Matte (oder Decke). Diese verwandelt sich im nachfolgenden Atemspiel zu einem fliegenden Zauberteppich.

Zu Beginn der Übung bittet die Spielleitung die Kinder ganz bewusst ihrem Atem nachzuspüren. Sie sollen merken, wie er von selbst kommt und geht. Deshalb atmen sie gleichmäßig und ruhig ein und aus. Ein ... und ... aus.

Die Spielleitung erzählt den Kindern, dass sich der Zauberteppich nun langsam in Bewegung setzt, und leitet sie zu folgender Atemübung an: Während sich das eine Kind weit nach vorne beugt und ausatmet, lehnt sich das Partnerkind sacht zurück und atmet tief ein.
Dieses Bewegungs- bzw. Atemspiel erfolgt im gegenseitigen Wechsel. So entsteht eine ruhige Wiegebewegung.
Die Kinderpaare schaukeln sich sanft in einen gemeinsamen Atemrhythmus ein. Dabei fliegen die Gedanken und die Fantasie vielleicht auf dem Zauberteppich ins Land der Träume.
Im Hintergrund erklingt leise orientalische Musik.
Am Ende des Musikstückes lassen die Kinder die Schaukelbewegungen langsam ausklingen und verabschieden sich gegenseitig vom Rücken des Partnerkindes.
Nun atmen alle tief durch, recken und strecken sich und kehren mit ihrer Aufmerksamkeit in den Turnsaal zurück.

Tipp
Am schönsten fühlt sich die Atemübung an, wenn die Kinder die Augen geschlossen halten und gut darauf achten, dass sie immer in Berührung mit dem Rücken ihres Partnerkindes bleiben.

Flugreise nach Schlaraffia

Material: 1 Holzreifen pro Kind

Die Holzreifen in gleichmäßigen Abständen auf dem Boden verteilen.
Jedes Kind setzt sich in einen Reifen.
„Die Holzreifen sind in diesem Spiel Flugzeuge. Unser nächstes Reiseziel ist das Schlaraffenland."
Die Spielleitung gibt ein Startzeichen und die Kinder fliegen mit ihren Maschinen (= Holzreifen) kreuz und quer durch den Turnsaal.
Dabei achtet jeder Pilot und jede Pilotin darauf, dass es zu keinen Zusammenstößen kommt.
Während der Flugreise stellt die Spielleitung den Kindern immer wieder neue Aufgaben:

- *„Ihr fliegt mit euren Flugzeugen in runden kurvigen Wegen durch den Turnsaal!"*
- *„Es ist herrliches Flugwetter, ihr fliegt mit voller Fluggeschwindigkeit."*
- *„Ihr fliegt mit euren Flugzeugen direkt aufeinander zu und weicht euch im letzten Moment erst aus."*
- *„Sobald ich in die Hände klatsche, ändert ihr rasch eure Flugrichtung (= Laufrichtung)."*
- *„Ihr fliegt in ganz geraden Linien durch den Turnsaal!"*
- *„Ihr verfolgt ein anderes Flugzeug und fliegt dicht hinter ihm her."*
- *„Ihr werdet langsamer und setzt vorsichtig zur Landung an."*

Alle „Flugzeuge" reagieren entsprechend.

Süße Schlaraffenjause

Material: 1 Matte oder Decke pro Kinderpaar, 1 großer alter Koffer, 1 Schokokuss und 1 Pappbecher pro Kind, Orangensaft, Servietten

Vorbereitung: Den großen alten Koffer mit dem Reiseproviant füllen und bereitstellen. Die Matten (Decken) auf dem Turnsaalboden verteilen.

Die Kinder finden sich paarweise zusammen. Die Spielleitung begrüßt die Kinder im Schlaraffenland.

„Stellt euch vor, in diesem Land wachsen Milchschnitten auf den Bäumen. Fruchtzwerge hängen an den Sträuchern und es regnet Gummibärchen. Die Leute im Schlaraffenland aber sind so faul, dass sie sich füttern lassen."

Jedes Kinderpaar setzt sich auf eine Matte (Decke) und vereinbart, wer wen zuerst füttert. Die Spielleitung schleppt inzwischen den großen alten Koffer herbei und packt, zur Überraschung der Kinder, den mitgebrachten Reiseproviant aus.

Dann verteilt sie Servietten, Pappbecher, Saft und Schokoküsse an die Kinderpaare und die süße Schlaraffenjause beginnt.

Ein Kind füttert das andere vorsichtig mit einem Schokokuss und gibt ihm etwas Saft zu trinken. Danach wechseln die Rollen.

Tanz der Dicken

MUSIK: ⊙ Nr. 10

Material: viele Kissen, Polster und Tücher, CD-Spieler, CD

Die Spielleitung erzählt die Geschichte vom Schlaraffenland weiter:

„Ihr könnt euch vorstellen, dass die Leute im Schlaraffenland den ganzen lieben Tag lang essen. Darum sind sie fürchterlich dick. Ihr dürft euch jetzt mit Polstern ausstopfen. Dann werdet ihr genauso dick, wie die Schlaraffen. Verwandelt euch bitte in die dicksten Menschen der Welt."

Die Spielleitung ist den Kindern bei ihrer Verwandlung behilflich.

Die Kinder können sich den ganzen Körper mit Kissen und Polstern ausstaffieren und sie mit Hilfe von Tüchern um den Bauch, die Beine oder die Arme binden.

Wenn alle fertig verkleidet sind, wird die Musik angestellt und der Tanz der Dicken beginnt. Die Spielleitung gibt den Kindern verschiedene Bewegungsimpulse:

- die Dicken reiben sich beim Tanzen genüsslich ihre Bäuche aneinander
- alle Dicken tanzen in der Mitte eng nebeneinander
- die Dicken verlieren beim Tanzen immer wieder das Gleichgewicht und fallen um
- die Dicken stoßen beim Tanzen mit den Bäuchen zusammen

Am Ende des Musikstückes legen die Kinder ihre Verkleidungen ab.

Lustige Urlaubsfotos

MUSIK: ⊙ Nr. 1

Material: weiße Kreide, evtl. Fotoapparat, CD-Spieler, CD

Vorbereitung: Die Spielleitung zeichnet mit Kreide einen viereckigen Bilderrahmen auf den Turnsaalboden. Der Bilderrahmen sollte so groß sein, dass alle Kinder darin Platz haben.

„Beinahe hätten wir vergessen, ein paar Urlaubsfotos zu machen!"

Die Spielleitung schaltet Musik ein.

Die Kinder tanzen dazu kreuz und quer durch den Turnsaal.

Sobald sich jedoch eines der Kinder in den Bilderrahmen stellt und eine Fotopose einnimmt, haben alle anderen den Auftrag, sich so rasch als möglich dazu zu formieren, so dass ein lustiges Gruppenbild entsteht.

Dabei soll jedes Kind mit einem anderen in Berührung sein.

Die Spielleitung spielt die Fotografin und knipst die Szene (oder sie tut so, als würde sie ein Foto machen).

Mit einem lauten „KLICK" kündigt sie den Kindern die Auflösung des Bildes an.

Von außen beginnend löst sich die Gruppenszene langsam wieder auf.

Alle tanzen alleine weiter, bis wieder jemand aus der Gruppe eine Pose im Bilderrahmen einnimmt und somit ein neues Gruppenbild entsteht.

Auf dem Schaukelschiff

MUSIK: ⊙ Nr. 17

Material: dickes Seil (ca. 12 – 14 m lang), CD-Spieler, CD

Vorbereitung: Die Enden des Seiles fest verknoten.

Die Kinder setzen sich im Kreis auf den Boden und strecken ihre Beine aus.

Die Spielleitung legt das Seil außen um den Kreis herum.

Die Kinder fassen es seitlich mit beiden Händen an (es sollte fest, aber nicht zu gespannt hinter den Rücken der Kinder verlaufen).

Die Spielleitung schaltet die Musik ein.

Langsam lehnen sich die Kinder gleichzeitig zurück und beginnen gemeinsam zu schaukeln.

„Stellt euch vor, wir sind auf einem großen Schiff und reisen heimwärts. Unser Schiff schaukelt ruhig auf den Wellen hin und her.

Denkt noch einmal zurück an die weite Reise, die wir hinter uns haben. An die vielen Abenteuer! Was hat euch davon am besten gefallen?"

Nach einer kleinen Weile der Stille ermuntert die Spielleitung die Kinder dazu, von ihren Eindrücken und Gefühlen zu erzählen.

Jedes Kind benennt in einem kurzen Satz, seine schönste Reiseerinnerung. So klingt die gemeinsame „Weltreise" aus.

Am Ende des Musikstückes legt das Schiff im Kindergartenhafen an. Die Schaukelbewegungen werden weniger und hören schließlich auf.

Tipp

Am schönsten ist die Schaukelreise, wenn auch die Spielleitung mit im Kreis sitzt.

Wasser, Wellen, Meeresrauschen

Vorbereitende Aktivität

Meerestiere basteln

Material: alte Fingerhandschuhe oder Fäustlinge, bunte Wollreste, Pailletten, Knöpfe, Goldborte, Pfeifenputzer, Perlen, Geschenkband, Nähnadel, Faden

Die Kinder verzieren die Handschuhe mit Pailletten, Perlen und Knöpfen.
Sie befestigen Wollfransen oder geflochtene Wollzöpfe an den Fingerlingen der Handschuhe. Wer Lust hat, näht mit einfachen Stichen Goldborten und Pfeifenputzer an.

Tanzeinheit

Ein Glas frisches Wasser

Material: 1 blaues Seidentuch, 1 Wasserschale mit Muscheln und kleinen Glasfischen, 1 Trinkglas pro Kind, 1 Flasche stilles Mineralwasser

Die Spielleitung legt das blaue Seidentuch in die Mitte des Turnsaals und stellt die Wasserschale darauf.
Die Kinder setzen sich in einen Kreis um die gestaltete Mitte und schließen ihre Augen.

„Ich werde jetzt im Kreis herumgehen und jedem von euch etwas in die Hände geben. Bitte haltet den Gegenstand gut fest und öffnet eure Augen erst wieder, wenn ich es euch sage."

Leise verteilt die Spielleitung an jedes Kind ein Trinkglas und füllt es zur Hälfte mit kaltem, stillem Mineralwasser.

Dann dürfen die Kinder ihre Augen wieder öffnen.

Gemeinsam trinken alle das Wasser. Dabei achten die Kinder darauf, es langsam und bewusst zu trinken und das Wasser Schluck für Schluck zu genießen.

Es soll sie erfrischen und ihnen Kraft für die Bewegung bringen.

Fischernetz

MUSIK: ⊙ Nr. 1

Material: 1 Holzreifen, 1 Wasserschale mit Muscheln und kleinen Glasfischen, 1 Erdbeernetz (ca. 1 m x 1 m), feste Schnur (Länge sollte etwa dem doppelten Umfang des Holzreifens entsprechen), CD-Spieler, CD
(Mit einem Erdbeernetz werden Gartenerdbeeren abgedeckt, um sie vor Vögeln zu schützen, es ist sehr preiswert im Gartenfachmarkt erhältlich.)

Vorbereitung: Den Holzreifen mit dem Erdbeernetz bespannen, dazu das Erdbeernetz mit einer festen Schnur rundherum am Holzreifen gut festbinden.

„Wasser kann man nicht nur trinken. Es ist auch Lebensraum für viele Tiere. In unserer Wasserschale könnt ihr kleine Fische entdecken. Und solche Fische dürft ihr jetzt spielen."
Die Spielleitung stellt die Musik an.
Die Kinder tanzen dazu durch den Turnsaal.
Ein Kind spielt den Fischer. Es bekommt das Netz (= den Holzreifen) und versucht, ein anderes Kind damit zu fangen, indem es ihm das Netz über den Kopf stülpt. Das gefangene Kind wird zum neuen Fänger.

Variante

Immer, wenn die Musik stoppt, scheidet der „Fisch", der gerade im Netz zappelt (= das Kind, das gerade das Netz hat) aus.

Tanzende Unterwasserwelt

MUSIK: ⊙ Nr. 14

Material: 1 großes blaues Tuch (z.B. gefärbtes Leintuch), 2 kleine Nägel, feste Schnur, 4 – 5 Wäscheklammern, Meerestier-Handpuppen (s. S. 88), CD-Spieler, CD

Vorbereitung: Das blaue Leintuch in eine Ecke des Turnsaals spannen (dazu 2 kleine Nägel in die Wand einschlagen, eine feste Schnur anbringen und das blaue Tuch mit ein paar Wäscheklammern daran befestigen). Die Kinder sollen dahinter vollständig verschwinden können, so dass nur die Arme sichtbar werden, wenn die Kinder sie hochstrecken.

„Im Wasser gibt es nicht nur Fische, sondern auch andere Lebewesen. Im Meer leben Seesterne, Quallen, Krebse, Seeanemonen, Korallen und viele andere Tiere. Wir wollen nun gemeinsam diese Unterwasserwelt besuchen."
Die Kinder finden sich in Vierergruppen zusammen und setzen sich in einem Halbkreis vor das Leintuch.

Die Spielleitung legt die Meerestier-Handpuppen auf den Boden vor die Kinder.
Gemeinsam sammeln die Kinder Bewegungsideen für das Tanzspiel:
- die Meerestiere wiegen sich zur Musik mit den Wellen hin und her
- sie tauchen abwechselnd auf und unter
- sie umschlingen sich gegenseitig und lassen wieder los
- sie tanzen schwebend aneinander vorbei
- sie berühren und erkunden sich gegenseitig
- sie werden gemeinsam zu einem riesigen Meeresungeheuer

Nun taucht die erste Vierergruppe unter: Jedes der vier Kinder wählt eine Handpuppe aus und schlüpft damit hinter das Leintuch.
Die Spielleitung schaltet die Musik ein.
Die Kinder hinter dem Leintuch strecken ihre Arme hoch und lassen die Meerestier-Handpuppen tanzen.
Am Endes des Musikstückes bekommen sie einen kräftigen Applaus.
Jetzt ist das nächste Quartett an der Reihe.

Wir blasen einen riesigen Luftballon auf

Material: 1 riesiger aufgeblasener Luftballon, 1 Tuch (ca. 2 m x 2 m)
Vorbereitung: Den aufgeblasenen Luftballon, der vorerst noch mit dem Tuch verhüllt ist, bereithalten.

Die Kinder fassen sich an den Händen und stellen sich Schulter an Schulter in einen engen Kreis in die Turnsaalmitte.
„Für unser nächstes Spiel brauchen wir einen Luftballon. Und den blasen wir jetzt gemeinsam auf. Dabei ist es ganz wichtig, dass wir einander gut festhalten und niemand wild ist."
Die Spielleitung gibt ein Startzeichen und alle Kinder machen kräftige Blasegeräusche. Dazu gehen sie rückwärts auseinander, bis an den äußersten Punkt der Spannung. Der Kreis bzw. der Luftballon ist nun riesengroß.

„Leider haben wir vergessen, unseren Luftballon zu verknoten. Darum geht ihm die Luft aus."
Die Kinder laufen mit lautem Zischgeräusch wieder in die Ausgangsposition zurück.

Es folgt das neuerliche Aufblasen des Ballons, so dass die Kinder am Schluss wieder weit außen im Kreis stehen.

„Dieses Mal sind wir gescheiter. Wir verknoten unseren Luftballon ganz fest und lösen vorsichtig, in äußerster Spannung, unsere Handfassung."
Die Kinder lösen langsam die Handfassung.

„Leider kommt der Nachbarjunge mit einer spitzen Nadel daher. Ihr könnt euch gewiss schon denken, was er damit vorhat. Auf 1, 2, 3 sticht er ein Loch in unseren Ballon und wir purzeln alle als Luftballonfetzen durch den Raum. Also aufgepasst! 1 – 2 – 3!"
Die Spielleitung stellt die Handlung pantomimisch dar und klatscht auf „3" laut in die Hände. Die Kinder purzeln durcheinander, bis alle auf dem Boden liegen.

„Zum Glück habe ich einen zweiten Luftballon eingesteckt. Kommt, wir blasen ihn auf!"
Es folgt zum dritten Mal das Aufblasen des Luftballons. Nachdem die Kinder in äußerster Kreisposition die Handfassung gelöst haben, wirft die Spielleitung einen riesigen Luftballon, der bisher hinter einem Tuch versteckt war, in die Kreismitte.

Meereswellenball

Material: Schwungtuch, 1 aufgeblasener Luftballon

Die Spielleitung breitet das Schwungtuch auf dem Boden aus.

Die Kinder setzen sich im Kreis rundherum.

Die Spielleitung wirft einen aufgeblasenen Luftballon auf das Schwungtuch.

Die Kinder fassen es am Rand an und schlagen sanfte Wellen.

Der Ballon hüpft und tanzt auf den Meereswellen auf und ab.

Die Kinder achten darauf, dass er nicht herunterfällt.

Die Spielleitung gibt der Gruppe immer wieder einen neuen Bewegungsimpuls:

- *„Steht bitte alle auf und geht mit dem Schwungtuch nach rechts im Kreis, der Luftballon tanzt währenddessen weiter auf den Wellen!"*
- *„Lauft gemeinsam nach rechts im Kreis, ohne dass der Luftballon zu Boden fällt."*
- *„Senkt das Tuch gleichzeitig und hebt es mit Schwung hoch, so dass ihr den Luftballon dabei zur Decke werft und wieder auffangt."*
- *„Schüttelt das Schwungtuch so wild, dass der Luftballon zu Boden fällt."*

Meereswellenlauf

Material: Schwungtuch

Die Spielleitung breitet das Schwungtuch gemeinsam mit den Kindern auf dem Boden aus.

Die Kinder hocken sich im Kniestand um das Schwungtuch und schlagen Wellen.

Ein Kind nach dem anderen darf nun durch die Wellen „waten" (= auf dem Schwungtuch spazieren gehen).

Zuvor wählt es sich für seinen Wellenspaziergang die passende Wetterstimmung, z.B.:

- „Sanfte Meeresbrise": das Tuch wird nur ganz leicht geschwenkt
- „Segelwind": es werden kräftige Wellen geschlagen
- „Stürmische See": das Tuch wird wild geschüttelt
- „Orkan": das Tuch wird wild geschüttelt und dabei hin und hergezogen, der Wellenläufer muss versuchen, das Gleichgewicht zu halten

Je nach gewünschter Wetterlage schütteln die anderen Kinder das Tuch heftig oder leicht.

Krokodil auf Beutefang

Material: Schwungtuch

Die Spielleitung breitet das Schwungtuch mit Hilfe der Kinder auf dem Boden aus.

Die Kinder setzen sich im Kreis um das Schwungtuch und strecken die Beine unter das Tuch.

Die Spielleitung spielt das hungrige Krokodil, das unter dem Tuch lauert. Sie kriecht auf allen Vieren unter dem Tuch entlang und lässt dabei schauriges Gebrüll ertönen.

Die Kinder schlagen Wellen.

Plötzlich geht das Krokodil auf Beutefang. Die Spielleitung fasst die Kinder einzeln an den Beinen und zieht sie unter das Tuch. Wer geschnappt ist, schreit laut auf und wird unter dem Tuch selbst zum Krokodil.

Das Spiel geht so lange, bis alle Kinder unter dem Schwungtuch sind.

Fische raten

Material: Schwungtuch, Augenbinde

Die Spielleitung breitet das Schwungtuch auf dem Boden aus.

Die Kinder setzen sich im Kreis um das Schwungtuch.

Einem Kind werden die Augen verbunden.

Die Spielleitung deutet auf ein paar Kinder im Kreis, ohne dabei ein Wort zu sprechen.

Die angewiesenen Kinder schlüpfen unter das Schwungtuch, alle anderen Kinder (außer das Kind mit den verbundenen Augen) tauschen die Plätze.

Nun schlagen die Kinder, die um das Schwungtuch verteilt sind, Wellen und das Ratekind nimmt seine Augenbinde ab.

- Wie viele Fische schwimmen wohl im Meer (= sind unter dem Tuch)?
- Wie heißen die Meeresfische?

Ich tauche eine Perle aus dem Meer

MUSIK: ⊙ Nr. 17

Material: Schwungtuch, kleine Holzschatulle, 1 Murmel pro Kind, CD-Spieler, CD

Vorbereitung: Das Schwungtuch auf dem Boden ausbreiten. Die Spielleitung versteckt eine kleine Holzschatulle mit bunten Murmeln unter dem Schwungtuch.

Die Kinder setzen sich im Kreis um das Schwungtuch.
Sie schlagen sanfte Wellen.
Die Spielleitung schaltet die Musik ein.
Der Reihe nach taucht (= krabbelt) jedes Kind unter das Tuch.
Es sucht die Holzschatulle und nimmt sich eine Murmel heraus.
Erst wenn der Taucher bzw. die Taucherin wieder im Kreis Platz genommen hat, kommt das nächste Kind an die Reihe.

Dem Meeresrauschen lauschen

Material: 1 Rahmentrommel oder runde Kuchenform, viele kleine Perlen

Vorbereitung: Die kleinen Perlen in die Rahmentrommel oder Kuchenform einfüllen und diese sanft hin und her bewegen. Fertig ist die Meerestrommel.

Die Kinder setzen sich auf den Boden und schließen die Augen.
Die Spielleitung geht mit der Meerestrommel herum.
Sie bewegt die Trommel über den Köpfen der Kinder und weckt sie der Reihe nach mit dem Rauschen des Meeres auf.
Wer aufgeweckt ist, steht leise auf und setzt sich an den Turnsaalrand.

Sommerträume

Tanzeinheit

Meine Hände erzählen dir von einem Sommergewitter

Material: Sommerblumenstrauß, 2 – 3 Seidentücher

Die Spielleitung breitet die Seidentücher auf dem Boden aus und stellt den Sommerblumenstrauß in die Mitte.
Die Kinder stellen sich in einen engen Kreis um die gestaltete Mitte.
Auf ein Zeichen der Spielleitung machen alle eine Vierteldrehung nach rechts.

Nun hat jedes Kind den Rücken des rechten Nachbarkindes vor sich und führt die Bewegungen und Massagen an ihm aus.
Dabei sind alle miteinander im Kreis verbunden.
Die Kinder massieren und erleben gleichzeitig eine ähnliche Massage auf dem eigenen Rücken.
Die Spielleitung erzählt die Massagegeschichte:
„Gestern Abend war ein heftiges Gewitter. Zuerst blies nur der Wind."
(mit den Handflächen über den Rücken des Partners streichen und dazu Windgeräusche machen)
„Mit der Zeit wurde der Wind immer stärker."
(mit den Handflächen schnelle kreisende Bewegungen über den Partnerrücken machen)

1. Der Wind kommt... — leicht streicheln
2. der Wind wird stärker — Kreisbewegung
3. Sturm — zupfen
4. Regen — trommeln
5. starker Regen — klopfen
6. Blitz — Daumen entlang der Wirbelsäule
7. Donner — Fäuste
8. Sturm — sanft schütteln
9. Stille — Kopf anlehnen

„Und dann wurde ein richtiger Sturm daraus, der an den Ästen der Bäume zerrte und zupfte."
(mit den Fingern am Rücken des Partners zupfen und das Heulen des Sturms nachahmen)
„Es begann zu regnen."
(mit den Fingerspitzen auf den Rücken trommeln)
„Auch der Regen wurde stärker."
(mit den Handflächen den Rücken des Partners abklopfen)
„Schon sah man den ersten Blitz am Himmel. Zisch! Und noch einen! Zisch! Und noch einen! Zisch!"
(mit den Daumen an beiden Seiten der Wirbelsäule vom Nacken bis zu den Lendenwirbeln abwärts gleiten. Noch zweimal wiederholen)
„Es donnerte laut!"
(mit den Fäusten auf den Rücken trommeln)
„Der Sturm rüttelte an Türen und Fenstern."
(den Partner an den Schultern fassen und sanft schütteln)
„Dann endlich beruhigte sich das Wetter wieder und das Gewitter zog weiter."
(den Partner nur mehr leicht wiegen)
„Das Sommergewitter war vorbei und alles wurde wieder still."
(den Kopf auf den Rücken des Partners legen und ein paar Atemzüge lang still verweilen)
Die Kinder schütteln ihre Körper aus.

„Ich mag die Blumen"
(Kreistanz)

Material: Sommerblumenstrauß, 2 – 3 Seidentücher

Die Kinder stehen im Kreis um die gestaltete Mitte und reichen sich die Hände.
Die Spielleitung singt den Kindern das Lied „Ich mag die Blumen" (nach der Melodie von „I like the flowers") vor.

„Ich mag die Blumen, ich mag den Sonnenschein.

Ich mag die Berge und auch den grünen Hain. Ich mag das Sternenlicht, in der dunklen Nacht. Dum di di da di, dum di di da di, dum di di da di, dum di di da di (2 x)."
Alle Kinder gehen nach rechts im Kreis.
Bei jeder Wiederholung des Liedes kommt eine neue Bewegung dazu, so lange, bis die Kinder den Tanz fertig erlernt haben.
„Ich mag die Blumen, ich mag den Sonnenschein."
(7 Schritte nach rechts im Kreis gehen, mit dem 8. Schritt bleiben alle stehen, lösen die Handfassung und wenden sich zur Kreismitte)
„Ich mag die Berge ...
(4 Schritte in die Kreismitte gehen und dabei die Arme über den Kopf anheben. In die Achtelpause nach dem Wort „Berge" folgt ein Klatscher)
... und auch den grünen Hain."
(mit drei Schritten rechts um die eigenen Achse drehen, die Arme bleiben angehoben)
„Ich mag das Sternenlicht, in der dunklen Nacht."
(mit kleinen Schritten zurück auf die Kreislinie gehen und die Arme senken)
„Dum di di da di, dum di di da di, dum di di da di, dum di di da di (2x)."
(Handfassung einnehmen und gemeinsam hin und her wiegen; zuerst nach rechts: „dum di di da di", dann nach links: „dum di di da di", usw.)

1. Wiederholung
Zu den Gehschritten im Kreis kommt die Wiegebewegung am Ende des Liedes dazu.

2. Wiederholung
Die vier Schritte in die Kreismitte samt Klatscher und Rückwärtsschritten kommen dazu (anstelle der Drehung einfach in der Kreismitte ruhig stehen bleiben).

3. Wiederholung
Die Drehung kommt dazu, der Tanz ist damit vollständig.

Tanzende Regenbogen-bänder

MUSIK: ⊙ Nr. 9

Material: buntes Krepppapier, Schere, CD-Spieler, CD
Vorbereitung: Für jedes Kind einen 5 cm breiten Krepppapierstreifen mit einer Länge von etwa 1 m schneiden.

Die Krepppapierbänder an die Kinder verteilen. Jedes Kind wählt sich ein Regenbogenband (= Krepppapierstreifen) in seiner Lieblingsfarbe.
Die Spielleitung schaltet die Musik ein und lädt die Kinder dazu ein, verschiedene Bewegungen mit ihrem Band auszuprobieren.
Sie schwingen das Regenbogenband, lassen es nachflattern, drehen mit den Armen Spiralen und Kreise und erfinden Bewegungen.
Am Ende des Musikstückes sucht sich jedes Kind einen Freund oder eine Freundin.
Die beiden Partnerkinder schmücken sich nun gegenseitig mit ihrem Band, z.B.:
● als Haarschmuck oder Stirnband
● als Gürtel oder Halstuch
● am Arm oder an der Hose befestigt

Tanzfest der Blumenfeen

MUSIK: ⊙ Nr. 14

Material: 4 alte weiße Leintücher, Schere, Diaprojektor, verschiedene Blumen- oder Naturdias, CD-Spieler, CD
Vorbereitung: Aus alten Leintüchern vier weiße Feenkleider zuschneiden, d. h. in die Mitte der Vierecke eine Öffnung für den Kopf ausschneiden.
Den Diaprojektor aufstellen und den Turnsaal verdunkeln.
Die Kinder finden sich in Vierergruppen zusammen.

„Wir sind heute zum Tanzfest der Blumenfeen eingeladen. Ihr wisst ja, das sind kleine zauberhafte Wesen! Sie sind halb Mensch und halb Blume. Man weiß es nicht genau. Ihr dürft heute selber solche Feen spielen. Lasst euch überraschen, wie das geht."
Die ersten vier Kinder schlüpfen mit Hilfe der Spielleitung in die weißen Feenkleider.
Das erste Blütendia wird auf die weiße Turnsaalwand projiziert.
Jedes Feenkind tritt einzeln davor und betrachtet das Blumenmuster auf seinem Kleid. Durch die weißen Kleider tauchen die Kinder völlig in das Bild ein und verschmelzen fast mit dem Hintergrund.
Die Spielleitung schaltet die Musik ein und die vier Feenkinder beginnen vor dem Blütendia zu tanzen. Der Diahintergrund wechselt mehrmals.
Alle anderen Kinder schauen den Blumenfeen bei ihrem Tanz still zu.
Am Ende des Musikstückes bekommen die darstellenden Kinder einen kräftigen Applaus.
Es wechseln die Rollen.

Ein zauberhafter Sternenhimmel

MUSIK: ⊙ Nr. 17

Material: 1 Taschenlampe pro Kind, 1 Matte oder Decke pro Kind, CD-Spieler, CD
Vorbereitung: Die Spielleitung verteilt die Matten (Decken) in gleichmäßigen Abständen auf dem Turnsaalboden und verdunkelt den Turnsaal.

Jedes Kind bekommt eine Taschenlampe und legt sich gemütlich in Rückenlage auf eine Matte (Decke).
„Nach dem wunderbaren Fest habt ihr nun Zeit, um euch auszuruhen und ein wenig zu träumen."

Die Spielleitung stellt die Musik an und bittet die Kinder, ihre Taschenlampen einzuschalten.

Sie sollen damit einen funkelnden Sternenhimmel an die Decke des Turnsaals zaubern.

Mit jeder Armbewegung der Kinder beginnen die Sterne zu tanzen oder Kreise am „Himmel" zu ziehen. Ein faszinierendes Lichterschauspiel beginnt.

Am Ende des Musikstückes verlöscht langsam ein Sternenlicht nach dem anderen.

Die Kinder bleiben noch ein wenig liegen und lassen den Sternentanz nachklingen.

Dem seidenen Traumfaden folgen

Material: langes Seidenband (4 – 5 cm breit und etwa 12 m lang), 1 Matte oder Decke pro Kind, 1 Erdbeere pro Kind

Vorbereitung: Die Spielleitung knotet ein Ende des Seidenbandes am Fenstergriff fest und gibt das andere Ende einer helfenden Person in die Hand. Diese geht in den Nebenraum und positioniert sich so, dass das Seidenband straff gespannt ist. Die helfende Person hält im Nebenraum auch die Erdbeeren bereit.

Die Kinder legen sich gemütlich auf die Matten (Decken) und schließen ihre Augen.

Die Spielleitung holt jedes Kind einzeln von seiner Matte (Decke) ab und flüstert ihm ins Ohr:

„Halte deine Augen bitte weiterhin geschlossen. Ich reiche dir jetzt meine Hände zum Aufstehen und führe dich vorsichtig zum seidenen Traumfaden. Er leitet dich heute aus dem Turnsaal hinaus und weist dir den Weg. Du brauchst dich nur, mit geschlossenen Augen, am Faden entlang zu tasten. Hab keine Angst, du bist völlig sicher.

Taste dich nur mit deinen Händen vorwärts. Am Endes des Fadens wartet eine Überraschung auf dich."

Nun führt die Spielleitung jedes Kind zum Seidenband und reicht es ihm zum Festhalten. Die Kinder tasten sich daran entlang.

Jedes Kind, das im Nebenraum ankommt, wird von der helfenden Person in Empfang genommen und mit folgenden Worten begrüßt:

„Deine Augen bleiben zu, dein Mund geht weit auf!"

Es bekommt nun eine süße Erdbeere in den Mund gesteckt.

Anschließend darf es seine Augen wieder öffnen und spielt Empfangskomitee für die nachfolgenden Kinder.

Am Ende des Regenbogens

Tanzeinheit

Eine Lieblingsbewegung ertanzen

MUSIK: ● Nr. 1 oder 9

Material: CD-Spieler, CD

Die Kinder tanzen zu der beschwingten Musik durch den Turnsaal. Sie laufen, hüpfen und springen, jedes Kind so, wie es gerne möchte. Die Spielleitung erteilt den Auftrag, möglichst viele verschiedene Bewegungen auszuprobieren und sich eine Lieblingsbewegung zu ertanzen.

Am Ende des Musikstückes soll jedes Kind eine Bewegung gefunden haben, die ihm besondere Freude bereitet.

Wichtig ist, dass sich jedes Kind seine eigene Lieblingsbewegung gut merkt.

Koffer packen

Material: 1 großer alter Koffer, pro Kind und Spielleitung 1 Gegenstand aus vergangenen Tanzstunden (z.B. Feenkleid, Indianerrassel, Windwedel, Faschingsgirlande, Spielzeugauto, Schleierhut, usw.)

Vorbereitung: Den großen alten Reisekoffer in die Turnsaalmitte stellen und rundherum die verschiedenen Tanzutensilien auf dem Boden ausbreiten.

Die Kinder stellen sich in einen Kreis um die gestaltete Mitte.

„In unserer allerersten Tanzstunde haben wir diesen alten Koffer miteinander ausgepackt. Erinnert ihr euch noch? Damals waren Tiere darin versteckt. Das ist schon lange her. Heute ist es an der Zeit, den alten Koffer wieder einzupacken. Wir verpacken jedoch nicht nur die herumliegenden Gegenstände, sondern auch unsere Bewegungen. Jeder packt seine Lieblingsbewegung in den Koffer."

Die Spielleitung zeigt den Kindern ihre eigene Lieblingsbewegung.

Die Gruppe wiederholt die Bewegung.

Die Spielleitung tritt in die Kreismitte und packt einen der am Boden liegenden Gegenstände in den Koffer.

Nun kommt das nächste Kind im Kreis an die Reihe.

Es zeigt seine Bewegung.

Die Gruppe wiederholt beide Bewegungen, zuerst die der Spielleitung und dann die neue Bewegung.

Das Kind, das die Bewegung gezeigt hat, tritt in die Kreismitte und räumt einen Gegenstand in den Koffer.

So geht es reihum weiter.

Die Bewegungskette wird immer länger, die einzelnen Bewegungen werden beim Wiederholen einfach aneinandergereiht.

Am Schluss sind alle Gegenstände und Lieblingsbewegungen verpackt. Der alte Reisekoffer ist jetzt voll gepackt und schwer.

Entspannte Reise durch die Zeit

Material: 1 Matte oder Decke pro Kind

Alle helfen zusammen, die Matten (Decken) sternförmig im Kreis aufzulegen.
Die Kinder legen sich bäuchlings darauf und machen es sich gemütlich.
Die Spielleitung beginnt mit der Entspannungsreise:

„Unser Koffer ist fertig gepackt. Wir gehen heute ein letztes Mal miteinander auf Reise. Es wird eine ruhige, gemütliche Reise.
Mach es dir ganz bequem. Du kannst dich jetzt ausruhen und ein wenig träumen. Lege dich so hin, wie es für dich gut und angenehm ist. Wenn du möchtest, schließe deine Augen. Lass deinen Körper schwer und entspannt in den Boden sinken. Denk daran, du bist sicher und geborgen auf dieser Reise."

Die Spielleitung gibt den Kindern etwas Zeit zum Nachspüren, dann erzählt sie weiter:
„Unser gemeinsames Tanzjahr geht heute zu Ende. Ich möchte dich einladen zu einer Reise in die Vergangenheit. Stell dir vor, die Uhr läuft rückwärts und wir fliegen mit Lichtgeschwindigkeit in die allererste Tanzstunde zurück."

Die Spielleitung macht an dieser Stelle eine kurze Pause und erzählt dann weiter:
„Erinnerst du dich noch an die erste Tanzstunde? An den Zauberkoffer und an die tanzenden Tiere? An den gemeinsamen Zoobesuch? Und an die Spielzeugautoreise? Lass dir etwas Zeit und denk daran zurück! Vielleicht tauchen auch Bilder in dir auf.

Als nächstes kam unsere zweite Tanzstunde! Wir spazierten barfuß in den Herbst, über Steine, Sand und Blätter. Weißt du noch? Und zum Abschluss bekam jeder einen Marienkäfer. Vielleicht erinnerst du dich daran!

Wir reisen weiter zu unserer dritten Tanzstunde. Es gab ein Frühstück mit vielen Früchten und wir spielten Bäume im Wind. Erinnerst du dich an das Rübenziehen? Das war ein lustiges Spiel.

Dann kam die Nebelstunde. Wir bewegten uns im Zeitlupentempo, spielten Nebelgeister unter dem Tuch und machten eine Nebelluftschiffreise. Weißt du das alles noch?

In der fünften Tanzstunde war es windig. Wir spielten Streichelwind und Wirbelsturm. Denk zurück an die riesige Windfolie und an den Spiralentanz.

Unsere Reise geht weiter. Die sechste Tanzstunde kam und mit ihr die Dunkelheit. Erinnerst du dich an den Leuchtkäfertanz und die Schattengeister hinter dem Tuch? Vielleicht hast du deinen Stern, den du geschenkt bekommen hast, zu Hause aufgehoben.

In der siebten Tanzstunde war es winterlich und du bautest dir ein Bärenkuschelnest. Du hast den Eichhörnchen bei ihrer Futtersuche geholfen und süßen Honig geschleckt.

Als nächstes kam die Reise ins Indianerland. Daran erinnerst du dich gewiss! An die Trommeltänze und die Kriegsbemalung und an deinen Adlerflug. Hast du dir deinen indianischen Namen gemerkt? Wie haben wir dich damals genannt?

Weiter geht die Reise in die Faschingszeit. Wir tanzten den Klapper Klatsch. Dann spielten wir Prinzessin Federleicht und König Kugelbauch und verkleideten uns für den Ball. Denk an die leckeren Faschingskrapfen, die wir gebacken haben!

In der zehnten Tanzstunde trieben wir den Winter aus. Erinnerst du dich an die wilden Masken? Oder an die schlafenden Blumen unterm Schnee? Mit einer klingenden Kugel haben wir sie aufgeweckt. Denk zurück an den silbernen Klang!

Unsere Zeitreise führt uns weiter in die elfte Tanzstunde. Wir spielten lauter Regenwürmer und haben die Erde betastet. Dann hast du dir deinen eigenen Erdgarten gestaltet. Das weißt du sicherlich noch.

Danach kam die Tanzstunde mit den Schmetterlingen und den Blumenbildern an der Wand. Du hast Sonnenblumenkerne mit nach Hause genommen. Das ist noch gar nicht so lang her.

In der nächsten Tanzstunde sind wir um die Welt gereist. Mit dem Orient Express! Wir waren Schlangenbeschwörer und dicke Schlaraffen. Denk nur an den süßen Schokokuss oder an das Schaukelschiff.

Nun sind wir schon weit durch die Zeit gereist. Wir kommen in der Wasser-Wellenstunde an. Erinnere dich an das Fischernetz und an die Spiele mit dem Schwungtuch. Wir haben gemeinsam einen Luftballon aufgeblasen. Weißt du noch, wie er zerplatzte? Du hast dir eine Glücksperle ertaucht und dem Meeresrauschen gelauscht.

Zuletzt kam die Sommertraumstunde. Du warst eine Blumenfee. Die Turnsaaldecke sah aus wie ein Sternenhimmel. Und am Schluss gab es eine Erdbeere für dich.

Damit sind wir schon am Ende unserer Zeitreise. Wir sind wieder beim heutigen Tag.
Nun strecke und recke dich ein wenig, schüttle Arme und Beine aus. Dann öffne langsam deine Augen. Du bist wieder hier."

Bonjour, Monsieur Pez

Material: evtl. 1 aufziehbarer Tanzbär (oder eine andere aufziehbare Spielfigur)

Die Kinder setzen sich in einen Kreis in die Turnsaalmitte.

„Ich stelle euch jetzt einen Gast vor. Er wartet die ganze Zeit schon ungeduldig und möchte euch gerne kennen lernen.

Unser Gast heißt Monsieur Pez und kommt aus Paris.

Er ist ein wunderbarer Tänzer, deshalb ist er auch heute mitgekommen.

Monsieur Pez möchte nämlich gerne von euch erfahren, wie es euch ergangen ist.

Ihr könnt ihm alles erzählen. Ihr könnt ihm erzählen, was euch gefallen hat und was euch nicht gefallen hat. Welches Spiel war schwierig, welches lustig? Welcher Tanz war langweilig und welcher hat Spaß gemacht? Was hat euch geärgert und was hat euch gut getan? Erzählt es ganz einfach Monsieur Pez!"

Die Spielleitung stellt den kleinen, aufziehbaren Tanzbären in die Kreismitte.

Der kleine Bär begrüßt die Kinder mit einem Tänzchen, dann wandert er auf den Schoß eines Kindes und lauscht aufmerksam seinen Erzählungen.

So wird Monsieur Pez ganz langsam im Kreis herumgereicht und die Kinder erzählen von ihren Erinnerungen, Gefühlen und Eindrücken. Zum Schluss tanzt Monsieur Pez eine Ehrenrunde und verabschiedet sich wieder.

Gemeinsamer Abschiedstanz

MUSIK: ⊙ Nr. 16

Material: CD-Spieler, CD

Die Kinder stellen sich im Kreis in die Turnsaalmitte und reichen sich die Hände.
Das Musikstück besteht aus zwei Teilen, die sich immer wiederholen.
Die Tanzschritte beginnen nach zwei Takten Vorspiel.

Teil A mit Wiederholung
15 Schritte nach rechts im Kreis gehen. Anstelle des 16. Schrittes erfolgt ein Richtungswechsel (linken Fuß beistellen und in die Gegenrichtung drehen).
Zur Wiederholung von Teil A folgen nun 15 Schritte nach links im Kreis, dann bleiben alle stehen, wenden sich zur Kreismitte und lösen die Handfassung.
Kurz bevor die Wiederholung von Teil A zu Ende ist, ruft die Spielleitung eine bestimmte Kindergruppe auf, z. B.:
- alle Schulanfänger
- alle Mädchen
- alle blonden Kinder
- alle Buskinder
- alle Vierjährigen

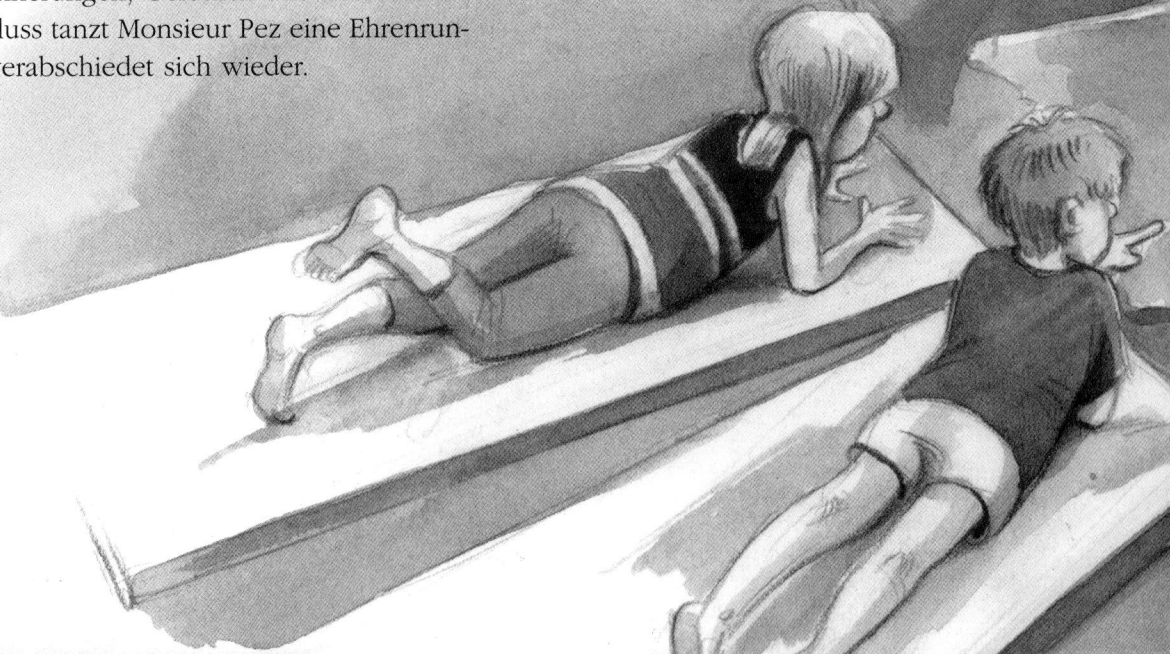

Teil B

Die aufgerufenen Kinder tanzen winkend in der Mitte.

Alle anderen stehen am Platz und klatschen dazu.

Die Spielleitung gibt den tanzenden Kindern rechtzeitig die Aufforderung zur Rückkehr in den Kreis. Alle fassen sich an den Händen.

Es folgt wieder Teil A.

Der Tanz hat insgesamt vier Durchgänge.

Die Spielleitung achtet darauf, dass alle Kinder einmal ausgerufen werden und niemand vergessen wird (eventuell den Tanz ein zweites Mal wiederholen).

Am Ende des Regenbogens

MUSIK: ⊙ Nr. 17

Material: Zeichenblock (DIN A4), bunte Filzstifte oder Wachsmalkreiden, Sicherheitsnadeln, CD-Spieler, CD

Die Spielleitung heftet jedem Kind ein Zeichenblatt mit einer Sicherheitsnadel an den Rücken.
„Es gibt eine alte Geschichte, die erzählt, dass am Ende eines Regenbogens ein Topf mit Goldstücken oder ein kleines Geschenk wartet. Wir sind heute am Ende des Regenbogens. Darum wollen wir uns zum Abschied gegenseitig beschenken."
Jedes Kind nimmt sich ein paar Filzstifte oder Wachsmalkreiden.
Die Spielleitung schaltet die ruhige Entspannungsmusik ein und fordert die Kinder dazu auf, jedem Mitspieler (jeder Mitspielerin) „etwas Nettes" auf das Blatt zu zeichnen.
Gleichzeitig bekommt man natürlich auch selber etwas „auf den Rücken" gemalt.
Dies können ganz einfache Zeichnungen sein, z.B.

- eine Sonne
- ein lachendes Gesicht
- eine Blume
- ein Schmetterling
- ein Herz
- ein Glückspilz
- ein Kleeblatt
- ein Regenbogen
- eine bunte Seifenblase

Dieses Abschiedsblatt nimmt jedes Kind als Erinnerung mit nach Hause.

Tipp

Wenn die Kinder bereits schreiben können, besteht auch die Möglichkeit, sich gegenseitig einen netten Gruß auf den Rücken zu schreiben.

Anhang

Register

Tänze

Die Autorin

Gertraud Mayrhofer wurde 1969 in Steyr, Oberösterreich geboren. Sie ist Kindergartenpädagogin und arbeitet hauptberuflich in einer Integrationsgruppe. 1989 absolvierte sie den Internationalen Lehrgang für Montessori Heilpädagogik in München. Vor drei Jahren schloss sie die zweijährige Zusatzausbildung zur Integrativen Tanzpädagogin am Ausbildungsinstitut für Gruppenpädagogik und kreative Bildungsarbeit ab. Seither leitet Gertraud Mayrhofer Seminare und Workshops für Tanz und Bewegung, wobei ihre tanzpädagogischen Schwerpunkte im kreativen Kindertanz und im Ausdruckstanz liegen.

1998 erschien ihr erstes Kinderbuch mit dem Titel „Weihnachts-Post aus Christkindl".

Der Komponist

Ralf Kiwit, geb. 1965, ist Musiker, Komponist, Musikproduzent und -pädagoge. Er unterrichtete ca. 10 Jahre das Fach Saxofon und leitete Ensembles an Musikschulen sowie an der Musikhochschule in Dortmund. Als Saxofonist ist er seit 1985 in den unterschiedlichsten Bühnen-Projekten unterwegs. Heute komponiert und produziert er im eigenen „subtone" Tonstudio in Dortmund Musik für CD-, Theater- und Fernseh-Produktionen, insbesondere für Kinder. Für den Ökotopia Verlag veröffentlichte er „Streicheltöne – Wohlfühlmassagen", „Traumstunden für Kinder", „Rasselschwein und Glöckchenschaf" (alle 2003), „Singzwerge & Krabbelmäuse" (2004) und „Ich freue mich noch mehr" (2004). www.subtone.de

Die Illustratorin

Kasia Sander, 1964 in Gdynia (Polen) geboren, studierte an der Danziger Kunstakademie und machte 1993 ihr Diplom an der Fachhochschule für Design in Münster. Seitdem illustriert die Grafikdesignerin Bücher für diverse Verlage (Arena, Schneider, Ökotopia u. a.) und arbeitet seit 2000 als Karikaturistin für die Recklinghauser Zeitung. Darüber hinaus leitet sie Workshops in Ölmalerei und Zeichnung. Kasia Sander hat ihre Werke bereits mehrfach sowohl in Gemeinschafts- wie auch in Einzelausstellungen präsentiert.

Weiterführende Literatur

Beermann Marlies, Breucker Annette, Gröning Jutta: *Tänze für 1001 Nacht*, Ökotopia Verlag, Münster, 1995

Braun Andrea: *Leicht wie eine Feder*, Kösel Verlag, München, 1997

Braun Daniela, Greine Rita: *Mit Kindern tanzen und springen*, Herder Verlag, Freiburg im Breisgau, 2000

Erkert Andrea: *Kinder brauchen Stille*, Don Bosco, München, 1998

Friebel Volker, Kunz Marianne: *Meditative Tänze mit Kindern*, Ökotopia Verlag, Münster, 2000

Kreusch-Jacob Dorothee: *Das Musikbuch für Kinder*, Schott, Mainz, 2001

Seippel Elisabeth mit Deppenkemper Magdalene, Große Berkhoff Susanne, Watermann Uta und Große-Jäger Hermann: *Tanzen im Kindergarten*, Fidula, Boppard/Rhein, 2000

Kinder spielen Geschichte

Floerke + Schön

Markt, Musik und Mummenschanz

Stadtleben im Mittelalter

Das Mitmach-Buch zum Tanzen, Singen, Spielen, Schmökern, Basteln & Kochen

ISBN (Buch): 3-931902-43-9
ISBN (CD): 3-931902-44-7

G. + F. Baumann

ALEA IACTA EST

Kinder spielen Römer

ISBN: 3-931902-24-2

Jörg Sommer

OXMOX OX MOLLOX

Kinder spielen Indianer

ISBN: 3-925169-43-1

Bernhard Schön

Wild und verwegen übers Meer

Kinder spielen Seefahrer und Piraten

ISBN (Buch): 3-931902-05-6
ISBN (CD): 3-931902-08-0

Im KIGA, Hort, Grundschule, Orientierungsstufe, offene Kindergruppen, bei Festen und Spielnachmittagen

Auf den Spuren fremder Kulturen

Die erfolgreiche Reihe aus dem Ökotopia Verlag

H.E.Höfele, S. Steffe

Der wilde Wilde Westen

Kinder spielen Abenteurer und Pioniere

ISBN (Buch): 3-931902-35-8

Wilde Westernlieder und Geschichten

ISBN (CD): 3-931902-36-6

P. Budde, J. Kronfli

Karneval der Kulturen

Lateinamerika in Spielen, Liedern, Tänzen und Festen für Kinder

ISBN (Buch): 3-931902-79-X
ISBN (CD): 3-931902-78-1

Sybille Günther

iftah ya simsim

Spielend den Orient entdecken

ISBN (Buch): 3-931902-46-3
ISBN (CD): 3-931902-47-1

WELTMUSIK FÜR KINDER

Kinderweltmusik im Internet
www.weltmusik-fuer-kinder.de

H.E. Höfele, S. Steffe

In 80 Tönen um die Welt

Eine musikalisch-multikulturelle Erlebnisreise für Kinder mit Liedern, Tänzen, Spielen, Basteleien und Geschichten

ISBN (Buch): 3-931902-61-7
ISBN (CD): 3-931902-62-5

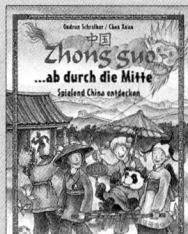

Gudrun Schreiber, Chen Xuan

Zhong guo ...ab durch die Mitte

Spielend China entdecken

ISBN: 3-931902-39-0

D. Both, B. Bingel

Was glaubst du denn?

Eine spielerische Erlebnisreise für Kinder durch die Welt der Religionen

ISBN: 3-931902-57-9

M. Rosenbaum, A. Lührmann-Sellmeyer

PRIWJET ROSSIJA

Spielend Rußland entdecken

ISBN: 3-931902-33-1

G. Schreiber, P. Heilmann

Karibuni Watoto

Spielend Afrika entdecken

ISBN (Buch): 3-931902-11-0
ISBN (CD): 3-931902-12-9

Miriam Schultze

Sag mir, wo der Pfeffer wächst

Spielend fremde Völker entdecken

Eine ethnologische Erlebnisreise für Kinder

ISBN: 3-931902-15-3

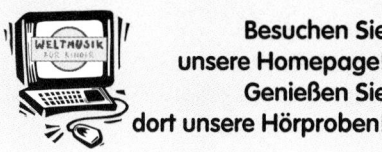

Die CD

Alle Kompositionen sind von Ralf Kiwit und Reinhold Alexander.
Produziert, arrangiert, aufgenommen, gemischt und gemastert von Ralf Kiwit im
subtone Studio Dortmund / www.subtone.de

Mitwirkende

Petra Marsfeld	Flöten
Reinhold Alexander	Gitarren, Mandoline, Geige, Banjo, Mundharmonika, Maultrommel, Percussion
Ansgar Brandt	Akkordeon
Juan Ribes	Oboe, Englischhorn
Cecilia Salamanca	Cello
Monika Balthes	Harfe
Hendrik Horn	Tuba, Trompete
Dieter Herges	Percussion, Schlagzeug
Ralf Kiwit	Saxofone, Klarinetten, Keyboards, Piano, Bass, Xylofon, Vibrafon